CONFÉRENCES
PÉDAGOGIQUES

PAR

UN INSPECTEUR D'ACADÉMIE HONORAIRE

L'Instituteur et l'Enfance. — Les programmes d'études.
Socrate et Pestalozzi. — Les Bibliothèques pédagogiques.
Les Œuvres scolaires aux États-Unis.
Les Musées scolaires. — L'Ornementation des classes. — L'emploi du tableau noir.
Le Cahier unique. — Des livres à donner en prix.
La science à l'École primaire. — L'enseignement agricole.
L'Insectologie et les Instituteurs.

PARIS

SOCIÉTÉ D'IMPRIMERIE ET LIBRAIRIE ADMINISTRATIVES ET DES CHEMINS DE FER

Paul DUPONT

41, RUE JEAN-JACQUES-ROUSSEAU, 41

1882

CONFÉRENCES PÉDAGOGIQUES

CONFÉRENCES
PÉDAGOGIQUES

PAR

UN INSPECTEUR D'ACADÉMIE HONORAIRE

L'Instituteur et l'Enfance. — Les programmes d'études.
Socrate et Pestalozzi. — Les bibliothèques pédagogiques.
Les Œuvres scolaires aux Etats-Unis.
Les Musées scolaires. — L'Ornementation des classes. — L'emploi du tableau noir
Le Cahier unique. — Des livres à donner en prix.
La science à l'Ecole primaire. — L'enseignement agricole.
L'Insectologie et les Instituteurs.

PARIS

SOCIÉTÉ D'IMPRIMERIE ET LIBRAIRIE ADMINISTRATIVES ET DES CHEMINS DE FER
Paul DUPONT
41, RUE JEAN-JACQUES-ROUSSEAU, 41

1882

DÉDICACE.

A Messieurs les Instituteurs et a Mesdames
les Institutrices.

Ce livre est l'œuvre de beaucoup d'entre vous. Quelques-unes des notes qu'il renferme ont été recueillies sur différents points de la France, dans les écoles primaires, au milieu de l'enfance, pendant les leçons de ses instituteurs et de ses institutrices. Ensemble, nous avons puisé les autres dans les ouvrages que nous lisions pour nos conférences pédagogiques, dans nos journaux scolaires, dans les comptes-rendus des livres de nos bibliothèques. Nous méditions les idées qui nous venaient ainsi de toutes parts.

Tantôt elles nous plaçaient en présence des devoirs des instituteurs et des institutrices, de leur responsabilité devant l'enfance, la famille, la société et de l'influence intellectuelle et morale qu'ils doivent exercer partout, depuis la salle d'asile jusque dans les cours d'adultes. Et alors le dévouement nous paraissait une force qui gagne les cœurs ; l'étude constante des methodes pédagogiques, des livres les plus autorisées, un principe de vie, toujours grandissant, pour le maître et pour ses élèves.

D'autres fois, ces mêmes études nous conduisaient chez les peuples qui concentrent une grande partie des forces vives dont ils disposent, autour d'un problème dominant : « l'Education ». Leurs institutions scolaires, les programmes, les procédés d'enseignement, les résultats obtenus excitaient toute notre attention. Nous rentrions ensuite dans nos classes, avec des préoccupations diverses, qui, en se réalisant, devenaient pour nous une puissance : orner ces classes et faire parler les murs ; préparer pour les jeunes enfants la direction même qu'ils réclament ; avec les élèves des cours plus avancés, continuer toujours et poursuivre, par l'observation et la réflexion, le développement harmonique des facultés intellectuelles et morales, la culture du jugement, et faire converger vers ce but toutes les parties de nos programmes. Nous nous attachions même à les étendre : à habituer l'enfant à l'étude de la nature, du sol qui le porte, des êtres qui l'attaqueront un jour ou le protègeront dans ses travaux des champs. Nous ne pouvions oublier l'adulte, ne pas essayer de l'enlever à l'ignorance, de déposer dans son esprit une science toute pratique ; dans son cœur, l'amour de l'ordre, de l'économie, le germe des vertus civiques et religieuses.

Le programme était vaste. Ensemble, sans illusion, nous constations les côtés faibles de notre enseignement, les mesures à prendre pour le fortifier et l'étendre. Les heures ainsi passées étaient délicieuses. Nous nous retirions avec de généreuses aspirations pour le progrès. Je les saluais, dans nos instituteurs et nos institutrices, avec des espérances qui se sont plus d'une fois réalisées.

Dans ces *notes*, j'ai essayé de reproduire quelques côtés de leurs efforts. Puissent-ils les reconnaître ! Puissent d'autres maîtres les accueillir avec les sympathies que je me sens toujours au cœur pour leurs fonctions et pour les progrès de l'instruction primaire dans notre France !

Livry, 27 décembre 1881.

CONFÉRENCES PÉDAGOGIQUES

NOTES

D'UN INSPECTEUR D'ACADÉMIE HONORAIRE

I

Les Instituteurs. — L'amour de la famille et du sol natal — Une Société de secours mutuels à ses débuts (1).

Il me tardait d'entrer avec vous dans les rapports les plus intimes. Depuis trois jours, nous vivons de la même vie : nos pensées, nos sentiments ont été mis en commun ; et, je suis heureux de pouvoir le dire, le bon esprit qui vous anime, les généreuses déterminations que je vous ai vus prendre me remplissent d'espérances pour l'avenir. Vous savez, vous, si les sympathies de l'administration supérieure vous ont fait défaut ; — si elle a trouvé des éloges chaleureux pour le mérite ; — des consolations et des encouragements

(1) Allocution adressée, en présence du Conseil départemental, aux instituteurs des conférences pédagogiques de X...

pour la souffrance, et, pour celui qui a pu faillir un instant, ces conseils pleins d'aménité que l'on aime toujours.

Restez dans la voie qui s'ouvre devant vous : le regard bienveillant de l'administration supérieure vous y suivra, pour soutenir et diriger vos efforts, pour récompenser tous les dévouements au devoir et à l'enfance, toutes les sueurs répandues dans le champ que vous avez à cultiver, et même ces généreuses aspirations qu'un succès immédiat ne couronnerait pas. Ce langage n'est pas nouveau pour vous, Messieurs : ne l'avez-vous pas recueilli plus d'une fois, pendant ces jours, dans ces conversations où vous avez pu épancher vos cœurs dans des cœurs qui vous sont si sympathiques ?

Que ferez-vous, Messieurs, pour la société civile et morale à laquelle vous devez tant ? Ce que vous ferez ! Mais vous voudrez rester à la hauteur de vos fonctions. Oh ! je ne viens pas vous apporter sur votre mission ces phrases usées et banales qui courent le monde ; je ne viens pas vous dire qu'elle est grande et belle : à vous parler franchement, je la crois telle ; mais j'ai horreur du vague. J'aime mieux vous la faire considérer par quelques côtés qui me paraissent d'une importance majeure : je ne veux même toucher rapidement que trois points.

Je vous dirai d'abord : Vos fonctions vous mettent en rapport avec les familles. Or, écoutez bien ceci : quand la famille se conserve avec son caractère primitif ; — quand elle est encore ce qu'il y a de plus pur, de plus élevé, de plus fécond pour le bonheur de tous, c'est-à-dire quand elle est encore patriarcale, je ne connais pas d'idéal qui soit à sa hauteur.

Mais il faut bien le dire : le souffle désorganisateur du siècle a passé sur elle ; il l'a flétrie dans ce qu'elle a de plus pur et de plus attrayant pour les regards, et tout en elle est trop souvent décoloré, sans charmes et sans poésie; il a brisé les liens si doux qui unissaient ses membres ; et les jalousies, les haines même percent quelquefois dans ces regards que devraient animer les mêmes sympathies ; et ces bras, qui devraient s'étendre pour se soutenir, s'arment pour se combattre ; ou tout au moins l'indifférence glace-t-elle les cœurs qui ont battu d'abord contre le même sein.

Voilà le mal. A vous, Messieurs, de lutter contre cette désorganisation. Vous êtes, pour la plupart, pères de famille; tous, vous êtes les pères adoptifs des enfants placés sous votre direction. Ranimez dans votre intérieur d'abord, dans votre classe ensuite, la vie patriarcale dont je vous ai parlé. Que les années aient marqué vos fronts du sceau si vénérable de la vieillesse, ou que vous soyez encore au printemps de la vie, portez dans vos classes l'autorité, l'affection, les enseignements et les exemples de ces pères de famille que l'Ecriture appelle les *anciens des jours*, parce qu'ils s'appuyaient sur une longue expérience. Apprenez à vos enfants à n'avoir que le même souffle, un même sentiment, une même pensée, un même amour, à entourer du respect le plus profond les auteurs de leurs jours, à s'inspirer de leurs conseils et de leur expérience. Faites-leur comprendre que le bonheur le plus grand, le plus doux, le plus complet et le plus durable, se trouve dans la maison paternelle.

La famille ! c'est-à-dire un père, une mère, un frère, une sœur, noms augustes et sacrés qui ne doivent jamais tomber des lèvres d'un enfant sans que dans son cœur quelque chose se remue ; la famille ! berceau des premières amitiés de la vie, des affections les plus pures, des joies les plus confiantes, les plus naïves et les plus suaves ! Dites donc souvent à vos enfants :

> Chaque heure emporte un sentiment.
> Que vos pauvres cœurs s'unissent
> Et se serrent plus tendrement (1).

Vous ranimerez ainsi dans les campagnes l'esprit de famille, qui est l'esprit chrétien ; et la société vous sera reconnaissante : car vous aurez travaillé à ressusciter, dans la mesure de vos fonctions, ce qui fait sa force, sa sécurité, son bonheur.

Vous obtiendrez un autre résultat : l'amour de la famille entraînera l'amour du sol natal. Un spectacle déplorable nous est offert chaque jour, celui de l'émigration, qui, dans les campagnes, prend souvent des proportions énormes. La cause, je la trouve dans cette maladie du siècle, dans cette agitation fébrile qui pousse vers les grands centres les jeunes générations. Elles s'en vont, sur la foi d'un rêve, et pour satisfaire trop souvent des appétits désordonnés, jeter leur existence au sein de la vie si agitée des cités les plus populeuses. Qu'arrive-t-il ? S'il y a quelques privilégiés de la fortune, la majorité ne trouve que d'amères déceptions. Les pavés des villes gémissent sous le poids de ces existences inutiles et durement éprouvées, souvent sans gîte, sans vêtement et sans nourriture, et qui n'ont plus d'autre

(1) LAMARTINE, *Recueillements poétiques.*

ressource que l'hôpital, où leur vie se terminera loin de leur famille.

A vous, Messieurs, de lutter encore contre la tendance que je vous signale. Il faut que, sous votre direction, l'enfance se prenne d'amour pour le sol natal et qu'elle grandisse dans ce sentiment. Rien ne vous manque pour le développer. Vous trouverez de jeunes imaginations déjà prêtes, en quelque sorte, à courir le monde pour y chercher de beaux paysages : parlez-leur de vos montagnes si pittoresques, si pleines de grands spectacles pour les intelligences qui savent les comprendre. Vous surprendrez chez d'autres des aspirations après le bien-être : montrez-leur vos riches vignobles, vos gras pâturages, vos campagnes si fertiles ; apprenez-leur à demander à ces terres fécondes le bien-être et l'aisance que souvent ils chercheraient vainement ailleurs. Les pavés des villes ne se fertilisent pas, mais point de sol, si ingrat paraisse-t-il, dans lequel les sueurs de l'homme et la rosée du ciel ne fassent germer, pour celui qui le cultive, la nourriture et la vie. Que de votre classe, comme d'un centre actif et puissant, se répande donc dans les campagnes l'amour des champs et de l'agriculture. Vous avez tous entre les mains un livre dans lequel vous trouverez sur ce dernier point des notions précieuses (1). Attachez-vous d'abord à les bien comprendre, puis faites-les passer dans l'intelligence de vos jeunes enfants. Pour qu'elles y pénètrent plus facilement, mettez-les souvent en présence des choses que vous leur expliquez ; dirigez leurs pas, pendant leurs récréations, du côté des cultures dont vous leur avez parlé dans la classe ; — placez sous leurs

____

(1) *Catéchisme de l'agriculture*, par M. Jourdier.

regards ces instruments si puissants et si variés qui sont comme les coadjuteurs de l'homme ; faites-leur suivre les perfectionnements qu'ils reçoivent chaque jour.

Tandis que ce dévouement à l'enfance vous conciliera les sympathies des familles, vous formerez une génération qui, comprenant mieux les richesses du sol, s'y attachera ; vous conserverez à l'agriculture des bras qui seraient allés s'user inutilement ailleurs ; vous serez comme l'avant-garde qui aura arrêté ce mouvement d'émigration que partout on déplore ; vous opposerez une réponse victorieuse aux accusations des hommes qui nous présentent l'enseignement primaire comme le promoteur et le complice de ce mouvement.

Vous ferez plus : vous contribuerez à la régénération morale qui se poursuit partout. Où nos pères avaient-ils puisé ces mœurs pures dont la disparition laisse un vide si grand dans la société ? Près de leur clocher. Nous ne trouvons pas là seulement cette atmosphère douce et sereine qui eut pour nos membres délicats des souffles légers et vivifiants ; en avançant dans la vie, on ne respire pas là seulement cet air qui dilate plus largement la poitrine et qui plus tard devient le lait des vieillards. C'est près du clocher que la vie de l'âme s'est formée ; c'est là qu'elle a trouvé sa nourriture première et la plus forte, cette pureté qui a tant de charmes pour tous les regards, cette paix et ce calme qui ne disparaissent jamais sans laisser des regrets ; c'est aussi près du clocher que cette vie de l'âme se conserve : les générations la perdent trop souvent sur les grandes voies de l'humanité, et rarement dans les lieux qu'il protège de son ombre.

Puisse, sous vos leçons, l'enfance le comprendre !

Vous contribuerez à former une génération plus morale et plus forte ; l'amour du devoir, le respect de l'autorité grandiront avec elle, et vous aurez développé la plus belle des vies, celle de l'âme.

Un mot encore, et je termine : Voulez-vous que le succès couronne vos efforts ? Unissez-vous : la victoire se déclare un jonr ou l'autre en faveur des volontés qui s'arment pour la même cause. Je pourrais vous dire : Vous avez eu, pendant ces exercices pédagogiques, un exemple frappant de cette harmonie qui décuple les efforts ; j'aime mieux signaler un fait qui vous honore : votre adhésion si unanime à notre *Société* de secours mutuels entre les instituteurs. Cette union se forme dans la charité. La Providence vous en récompensera en fécondant l'œuvre plus générale encore à laquelle je vous convie. Vous pourrez, en l'accomplissant, avoir à traverser des épreuves, à subir des froissements, quelquefois injustes ; vous ne serez pas toujours compris ; mais, avec Winckelmann (1), un des maîtres les plus dévoués à l'en-

(1) Winckelmann (Jean-Joachim), le célèbre auteur de l'*Histoire de l'Art chez les anciens*, naquit en 1717, à Steindall (Brandebourg). Sa jeunesse s'écoula dans la pauvreté et dans des études opiniâtres. Après avoir rempli les fonctions de précepteur, il fut appelé à diriger l'école de Seehausen. Son goût décidé pour les arts le poussa vers Rome, où il abjura le protestantisme (1756). « Il visita avec enthousiasme les monuments et les antiquités de la capitale du monde chrétien, passa de là à Naples, à Florence, entra en 1758 au service du cardinal Albani, comme bibliothécaire et inspecteur de sa riche collection des antiques, fut nommé, en 1763, président des Antiquités à Rome, puis bibliothécaire du Vatican, refusa les offres de diverses cours d'Allemagne, mais alla cependant faire une tournée dans cette contrée, séjourna un peu à Vienne, puis reprit la route

fance, vous direz : « Paix, mon cœur ! sous le regard de
« Dieu, tu es plus fort que ces maux. »

d'Italie ; il était à Trieste quand il périt assassiné, en 1768, par
un misérable qui avait gagné sa confiance en feignant un grand
amour pour les arts... Ses nombreux ouvrages ont exercé une
influence immense sur les progrès de l'art et de l'esthétique,
dans la dernière partie du XVIIIᵉ siècle... » BOUILLET.

II

L'instituteur et l'enfance. — Une Société de secours mutuels (1).

Permettez-moi de reproduire ici ce que j'ai dit un jour dans une réunion académique.

« J'aime l'enseignement secondaire, et, je l'avoue, je
« n'ai pas grand mérite ; mais je ne sais pourquoi
« j'éprouve un faible non moins grand pour l'instruction
« primaire. Est-ce parce qu'il s'agit de la porter à l'en-
« fance pauvre et déshéritée le plus souvent de tous les
« avantages? Est-ce parce qu'il faut la répandre sur
« un plus grand nombre d'âmes, les prendre dans une
« condition plus infime, pour les élever à la vie intel-
« lectuelle et morale? Je ne puis le dire; toujours est-il
« qu'il ne m'arrive jamais de parcourir par la pensée
« nos plaines et nos montagnes, sans songer que, repré-
« sentants de l'autorité supérieure, nous avons pour
« mission de faire pénétrer là les idées saines et mo-
« rales qui sont la partie la plus précieuse du patri-
« moine de l'humanité; les connaissances usuelles et
« pratiques qui, tout en développant les jeunes intel-

(1) Allocution adressée, en présence du Conseil départemental de l'Instruction publique, aux instituteurs des Conférences pédagogiques de X...

1.

« ligences, les attachent au sol, et seront pour les cam-
« pagnes la source d'une vie calme et féconde; ces
« sentiments qui ennoblissent le cœur, inclinent les géné-
« rations à la pratique du devoir, forment les enfants
« dociles, les pères de famille sérieux, les citoyens
« dévoués à l'ordre et au pays. » (1)

Ce devoir, Messieurs les instituteurs et Mesdames les institutrices, c'est aussi le vôtre. Vous le contractez le jour où vous recevez de la main d'un père et d'une mère l'enfant sur lequel reposent les espérances de la famille et de la société. Je ne sais quelles émotions vous saisissent, lorsque, le dernier baiser déposé sur son front, ses parents retirés, vous le voyez franchir, pour la première fois, les degrés de votre classe et rester là, seul avec vous; peu de moments me semblent destinés à marquer plus dans l'existence de l'homme. Comment vous faire comprendre tout ce qu'il y a de grand et de solennel, de conséquences heureuses ou terribles, dans ce rapprochement et ce contact de deux êtres étrangers l'un à l'autre, il n'y a qu'un instant, et désormais étroitement unis; — dans cette vie à deux qui commence, mais sous une autre forme et dans des conditions diverses : l'une qui vient demander sans savoir trop ce qu'il lui faut, l'autre qui doit pressentir sans cesse les besoins et toujours donner abondamment ce qu'il y a de plus pur; — l'une qui ne trouvera plus à chaque instant les sourires et les caresses de sa mère, et les libres ébats du foyer domestique, l'autre qui doit jeter des fleurs sur

____

(1) Extrait d'un Rapport lu dans une session du Conseil académique de X...

les premiers liens de la dépendance, et, à force de grâce et d'un mâle dévouement, faire oublier les tendresses parfois amollissantes de l'amour maternel; — l'une qui apporte une âme faite à l'image de Dieu, mais neuve, inculte, incertaine dans ses voies, l'autre qui doit concourir à la former et à la féconder, à la polir, à la diriger, et à l'élever à la hauteur de ses destinées? D'ici, je sens battre un jeune cœur dont les impulsions, sous le souffle de la mère, sont restées droites et douces, mais que le temps va rendre plus violentes; je vois une intelligence qui, comme la fleur renfermée dans sa corolle, n'attend, pour s'épanouir, qu'un rayon du soleil; j'aperçois les premières manifestations d'une volonté docile encore, et qui demain commencera à se poser. A vous d'approcher votre cœur du jeune cœur, pour en régler les mouvements; à vous de faire tomber sur l'intelligence naissante le pur rayon du ciel; — à vous de tenir d'une main ferme la volonté trop novice encore, et bientôt trop emportée pour ne pas courir aux abîmes. Je suis dans le présent avec vous et avec cet enfant, et chacune des heures qui marquent, sur le cadran de la maison commune, la fuite du temps, m'entraîne dans l'avenir.

L'avenir! l'avenir! c'est-à-dire le tout de l'homme, le but de ses aspirations, le milieu dans lequel la famille, la société vous demandent de poser cet enfant d'une manière honorable pour lui, utile pour tous, digne de ses destinées.

Voilà la responsabilité que vous assumez, le jour où vous vous présentez pour recevoir et élever l'*enfance*. Si donc votre classe ne devenait pas pour elle une école de pureté, de force, de sagesse et de vertu, vous trahiriez son âme, sa famille, votre conscience, et Dieu lui-même.

Et remarquez cette expression générale : l'*enfance.* Je l'emploie à dessein ; car, ne l'oublions jamais, quelle que soit sa condition sociale, riche ou pauvre, sortie d'une demeure somptueuse ou d'une chaumière, l'enfance a des droits égaux à notre sollicitude. Un des membres les plus modestes et les plus dévoués du corps enseignant, couronné un jour par l'Académie française, vous dirait au besoin :

> Et même recevez sans nulle répugnance
> Ces enfants dépouillés des charmes de l'enfance,
> Flétris, hâves, couverts d'un grossier vêtement.
> En eux aimez Jésus, chacun d'eux lui ressemble :
> Chacun d'eux porte en soi l'image du Sauveur (1).

Vos fonctions vous appellent à porter surtout vos soins, votre amour, votre dévouement aux enfants de nos campagnes ; donnez-vous sans réserve au fils de l'humble paysan et du pauvre travailleur, comme à celui du riche. Bien que sa naissance, ses facultés, sa vocation semblent destiner le premier à recevoir une éducation vulgaire, départissez-lui largement ces enseignements de l'intelligence et du cœur qui doivent en faire un homme sain, droit et honnête. Dans cette partie de votre œuvre, prenez pour modèle et pour guide la conscience, qui ne juge sa tâche accomplie que le jour où, dans le cœur de l'enfant du peuple, elle a élevé l'honnêteté naturelle jusqu'à la vertu, la vie présente jusqu'à la vie éternelle.

Sur ce terrain, je vous vois encore une belle mis-

(1) Mlle Drouet, *La Sœur de Charité.*

sion, et je vous demande, ou plutôt la famille, la société, réclament de vous pour ces enfants une instruction qui les fasse jouir, dans un degré convenable,
du développement et de l'énergie de leurs facultés.
Vous ne devez pas, sans doute, en la répandant parmi
les enfants du peuple, chercher à leur donner d'autres
besoins que leurs besoins, d'autres mœurs que leurs
mœurs, d'autres vertus que leurs vertus : ce serait
changer leur nature, troubler leurs facultés intellectuelles, altérer leur bon sens par des chimères, faire
une de ces œuvres pleines d'orages, qui mettent, en
certains jours, les esprits en feu et la société en péril.

Rien donc dans votre enseignement qui provoque des
pensées folles et creuses, de fiévreuses aspirations après
un mieux imaginaire, un demi-savoir toujours mécon-
tent, l'ennui et le dédain de la condition paternelle, le
besoin maladif du déclassement. Toutefois, ne laissez
pas se perdre et s'user dans les ténèbres ces regards
créés par Dieu pour contempler la lumière, cette intelligence dont la destinée est de saisir, pour s'y attacher,
le vrai de chaque position.

· S'il faut au peuple un cœur pur, une conscience
droite, un caractère ferme, des habitudes de vertu, il
importe aussi qu'il ait un esprit juste, solide, éclairé, le
bon sens qui va droit au but, qui déjoue les sophismes et
trouve une issue aux difficultés de la vie. Il faut encore
qu'il soit initié aux progrès de la science, qu'il trouve
dans ses découvertes des moyens d'économiser ses forces,
ses sueurs, son temps, — cette monnaie dont l'existence
est faite; — qu'il puisse établir avec moins de peines
et plus sûrement son empire sur la matière, et que,
devenu roi d'un petit monde, il éprouve un besoin plus

pressant de se rattacher au Monarque suprême dont il tient son sceptre, de jouir, en union avec lui, des biens dont il se montre prodigue ; il le faut ! car rien ne s'harmonise, rien ne s'ouvre aux sentiments généreux, aux idées d'ordre, à l'amour du devoir, comme une intelligence et une moralité élevées.

Restez, avec les enfants qui vous sont confiés, dans les limites de vos programmes ; inspirez-vous de leur esprit, demandez aux bonnes méthodes des conseils, leur direction forte et sûre : vous obtiendrez les résultats que l'on attend de vous.

Nous verrons donc les enfants de vos classes arrêter sans effort leurs regards sur des livres instructifs et moraux, — mettre dans leur lecture de l'intelligence et du goût, — triompher des difficultés grammaticales, — tracer avec une écriture élégante et facile les préceptes de l'Évangile et les leçons de la vertu, cultiver d'une main ferme les premiers arts du dessin linéaire ; — nous les entendrons chanter avec méthode, résoudre ces problèmes d'arithmétique qui trouvent une application constante dans les diverses positions de la vie, ou redire avec amour les traits de l'histoire nationale, si riche en enseignements précieux pour tous les âges.

Afin de varier leurs études et pour répondre à des besoins impérieux, vous leur parlerez aussi du milieu dans lequel ils vivent, — de l'air qu'ils respirent, — de la belle végétation qui les couvre de son ombre et de l'alimentation qu'elle réclame, — du sol qui les porte et qui les nourrit, — des trésors qu'il renferme et des moyens de les multiplier et de les exploiter. Vous appellerez, en un mot, leur attention sur toutes ces industries agricoles qui font le bien-être des campagnes, la richesse de la

France, et qu'ils exerceront un jour. Toutefois, ne les élevez pas seulement en face de l'utile, bornant leurs pensées à un grain de sable, leurs désirs à un peu de poussière, leur destinée à des jouissances matérielles. A ces enfants qui seront bientôt des hommes, il faut déjà, avec du pain pour leur corps, l'intelligence et l'amour des œuvres de Dieu, une âme qui s'émeuve au spectacle de ses bontés et monte jusqu'à lui. Plus ils connaîtront ainsi le sol qui les a vus naître et les ressources déposées dans son sein par la Providence, plus ils s'attacheront à leur clocher.

Tandis qu'ils trouveront là une sauvegarde pour leur moralité, le calme et les jouissances de la famille, la forte et mâle vigueur de la vie des champs, un patriotisme plus pur et plus généreux, un abri pour leur vieillesse, la France marchera, sous l'action de la Providence, vers la réalisation de ses glorieuses destinées.

Que nos enfants s'associent dès maintenant à ce mouvement ; qu'ils contractent de bonne heure l'amour du travail, des habitudes d'ordre et de propreté, de discipline et de subordination ; qu'ils portent dans la famille cette gaieté franche qui en fait tout le charme ; — dans la société, des mœurs plus douces, de la probité, le sentiment du devoir et du dévouement. Et nous, en les voyant, nous dirons, le cœur profondément ému : Enfants, soyez bénis ! bénis, vous et vos maîtres.

Je vous devais ces conseils. Ils me confèrent le droit de vous donner, avant de nous séparer, quelques éloges, ou plutôt de raconter une de vos bonnes œuvres : ce que vous avez mis de cœur, de dévouement à l'intérêt de tous, de charité fraternelle et toute chrétienne, dans la *Société* de secours mutuels établie entre vous. L'année dernière, je vous appelais à former cette société. Comme toutes les œuvres inspirées par une pensée généreuse, elle a grandi.

Votre société naissante est riche de 2,316 fr. 75 c. Une fois de plus, ne comprenez-vous pas que vos supérieurs ne se bornent point à vous prêter l'appui de leur autorité intellectuelle et morale, mais qu'ils aiment surtout à venir toujours à vous avec un cœur dont les sentiments se traduisent par des bienfaits?

Je me hâte d'arriver à l'emploi qui a été fait de cette somme. Je n'aborde pas sans émotion cette partie de mon rapport; car, c'est en présence de la souffrance, des infirmités et même du malheur, que je dois vous conduire: spectacle toujours plein de tristesses pour le regard qui le contemple, mais aussi fécond en joies délicieuses pour le cœur dont les bienfaits consolent et allégent l'infortune. Si je ne puis vous épargner ces tristesses, je vous dois ces joies. Laissez-moi donc vous dire que, tout en consacrant vos forces au service de l'enfance, vous accomplissez ailleurs un autre bien. Par vos ordres, les secours de la science ont été prodigués à plusieurs de vos collègues.

Une indemnité a été accordée à un instituteur qui s'est vu forcé d'interrompre, pendant quelque temps, des fonctions devenues trop pénibles pour une existence épuisée par le travail.

Un instituteur a laissé, en mourant, une femme dans une position des plus tristes. Vous l'avez visitée dans son malheur, en lui faisant parvenir un secours; un autre lui a été remis par l'administration départementale.

Je ne veux pas terminer sans vous dire avec quel bonheur j'ai tracé cette dernière page de mon rapport ; peu de lignes me seront plus précieuses : car, quoi qu'il arrive, elles me rappelleront toujours des âmes généreuses, les liens qui m'ont uni à elles, et nos communs efforts pour rendre plus féconde notre mission. J'ai voulu mettre dans cette rédaction la plus grande simplicité, afin de lui communiquer une des qualités et des vertus de vos bienfaits ; ne savons-nous pas tous que la Providence a des bénédictions particulières pour le bien qui s'accomplit et qui reste dans l'ombre ?

Un mot encore. Vous voyez quelles sont les causes de l'état prospère de notre Société. Unissez-vous plus étroitement, afin de les rendre plus puissantes, et, comme les nobles âmes répondent toujours aux faveurs des hommes par de plus grands efforts pour les mériter, luttez de dévouement avec vos bienfaiteurs.

III

Le dévouement. — Une Société de secours mutuels (1).

Je me trouve parmi vous, le cœur joyeux et plein d'espérances, car nous allons reprendre notre œuvre et la poursuivre de concert, revoir nos enfants et leur porter ce que la Providence a mis en nous d'activité, de zèle, de sollicitude et d'affection. Qu'il fait bon donner à ces jeunes natures ! et qu'il y a justice à se montrer prodigue envers elles ! — *Comment ne les aimerais-je pas?* disait un Evêque arrivé à l'âge de 70 ans ; *je leur dois tous les biens que Dieu m'a faits.* Il avait vieilli, ce vénérable prélat, dans les rangs de la jeunesse, lui consacrant le plus pur de son existence, de ses pensées et de ses sentiments. Arrêtant alors sur un passé long et laborieux, un regard serein, comme l'est toujours celui du juste, il puisait, dans le souvenir de son dévouement, un chant d'amour pour l'enfance et des espérances pour la vie nouvelle qui s'ouvrait devant lui, persuadé que Dieu ranimera plus tard les existences qui se consument au service de l'enfance.

(1) Allocution adressée en présence du Conseil départemental, aux instituteurs des conférences pédagogiques de X....

Estimons donc précieuse notre mission ; soyons à notre œuvre, le cœur libre, le regard fixé sur l'avenir. Mais, afin que les espérances qu'elle nous apporte se réalisent, je vous demande pour nos enfants ce qu'il y a en vous de plus intime, de plus pur, de plus élevé : le dévouement, l'oubli de soi, l'abnégation, la sainte passion de se compter pour rien, de se livrer à l'enfance corps et âme, cœur surtout ; car, dit Platon, « on ne se dévoue que parce qu'on aime. »

Je vous demande le dévouement, cet inspirateur, ce soutien, cette âme de tout ce qui est grand. N'est-ce pas lui qui transforme en héros nos soldats, et, au prix de leur sang, attache la victoire à nos drapeaux ; — qui fait adopter aux filles de Vincent de Paul, en échange des affections humaines, toutes les plaies physiques et morales ; — qui élève nos mères à la hauteur d'une vie de sollicitude, de sacrifices et quelquefois de constantes souffrances ?

Je vous demande le dévouement, car si l'éducation est une œuvre grande ; — si on a pu la comparer à la paternité ; — si elle en a les gloires, elle doit en partager les difficultés, les peines, les sollicitudes et le fardeau. Le père, qui abdique, pour vous les conférer, ses droits et son action sur son enfant ; — la mère qui consent à s'isoler d'une existence à laquelle la sienne se rattache par les liens les plus intimes, ne peuvent vous communiquer tout un ensemble de sentiments que la Providence a mis en eux, et qui relient entre elles ces trois vies. Cependant, du moment où vous prenez leur place, ils exigent de vous pour cet enfant qui n'est pas le vôtre : le père, son dévouement, la mère, sa sollicitude ; — du moment où cette existence étrangère se rapproche de la vôtre, il faut que, comme la greffe appliquée à un jeune arbre, vous lui donniez le plus fécond de votre sève, le plus pur et le meilleur de votre vie. Désormais vous aurez entre les mains chaque jour, et, pour ainsi dire, chaque heure de son existence : vous lui devez jour pour jour, heure pour heure ; si son présent vous appartient, c'est afin que le vôtre soit à lui. Il faudra donc, tant qu'il sera sous vos regards, ne plus songer à votre liberté, toujours vous rapetisser, vous contraindre, vous multiplier et préparer ainsi son avenir dont le vôtre répondra. Il faudra que, dans la classe, votre œuvre continue celle de la mère, qui a souvent sacrifié, sur le berceau du nouveau-né, ses plaisirs, son sommeil, donné même une partie de sa substance. Je ne connais que le dévouement et ses vertus particulières qui soutiennent dans cette voie laborieuse.

Il est aussi le seul qui puisse ouvrir devant vous les horizons qu'il vous importe d'embrasser. Appelés que vous êtes au service des jeunes âmes, n'oubliez jamais que ce ministère réclame les soins les plus étendus, les plus délicats. Pour remplir votre mission, vous n'avez pas seulement à apprendre à vos enfants à parler, à écrire et à comprendre la langue maternelle ; à former leur main, longtemps novice et tremblante, à une écriture facile, courante, élégante ; — à les initier à la pratique des diverses opérations que leur imposeront plus tard les nécessités de la vie, — et même à enrichir leur intelligence de notions historiques et géographiques. Obtenir ces résultats, c'est, sans aucun doute, un succès véritable, et, comme nous savons combien ils vous coûtent de labeurs, de patience et d'habileté, une de nos jouissances est de vous prodiguer les encouragements et les éloges auxquels ils vous donnent des droits.

Nous ne pouvons cependant vous dire : C'est assez. Que l'enfant ait le degré d'instruction qui lui convient, rien de plus désirable. Mais, en grandissant, il n'aura pas seulement à porter dans le monde un esprit plus ou moins cultivé ; je sens toujours d'ici les battements d'un jeune cœur auquel ont plus d'une fois peut-être répondu les larmes trop tendres d'une mère ; je vois les manifesta- tions d'une volonté naissante, qui compte déjà plus d'une victoire remportée sur une affection trop grande pour être constamment éclairée et assez forte. Cœur et volonté se révèlent, dès le début de la vie, avec des qualités et des défauts qu'il faut étudier sans cesse, développer ou réprimer.

Ici, la mission de l'instituteur et de l'institutrice prend une importance à la hauteur de laquelle le dévouement seul peut l'élever. Seul il est assez puissant pour les faire descendre dans les profondeurs du devoir ; — assez perspicace pour en saisir les nuances les plus diverses ; — assez ingénieux pour opposer à chaque difficulté l'énergie et la constance qui doivent en triom- pher ; — assez patient pour voir, sans perdre courage, des efforts quelquefois stériles d'abord ; — assez délicat pour trouver cette parole du cœur, ce regard de l'âme, ces sympathies expansives, qui adoucissent les peines et les ennuis, relèvent le courage abattu, font aimer jusqu'à la répression et donnent à l'éloge un charme enivrant.

Plus d'une fois j'ai vu à l'œuvre, dans les conditions les plus modestes, ces âmes dévouées. Quelle douce et mâle vigueur elles déployaient dans la direction de la volonté ! quelle sollicitude active, pure, anxieuse, dans la formation du cœur ! quelle patience à supporter des défauts longtemps résistants! quel tact pour découvrir les côtés faibles de la place, en faire le siège, ne rien brusquer, choisir les moments favorables à l'attaque, et enfin, sur des ruines insensiblement amoncelées, élever et cultiver les vertus les plus belles! Oh! non, les hommes ne comprendront jamais assez combien il se prodigue de dévouement, dans ce service des jeunes âmes, que l'on travaille à faire passer de l'ignorance et de la petitesse intellectuelle à la science; — de la légèreté à la réflexion; — d'un caractère entier, revêche, presque toujours gâté, à l'obéissance; — de l'emportement à la douceur; — des défauts sans nombre d'une nature imparfaite à l'amour et à la pratique des vertus domestiques, sociales et morales. Non! les hommes ne le comprennent pas toujours; souvent même ces existences qui s'usent rapidement et meurent à la peine, avant l'âge, ne trouvent, sur leur passage, qu'indifférence, oubli, de mesquines jalousies, injustice quelquefois. Mais qu'importe! il y a au ciel un regard auquel rien n'échappe; une justice qui prépare, à chacun, une destinée selon ses œuvres.

Si la certitude d'une récompense soutient le dévouement, il faut, pour le faire naître, une force puissante, élevée, pure, presque divine. Platon nous l'a déjà indiqué : « On ne se dévoue que parce qu'on aime » — « C'est l'amour seul, dit-il encore quelque part, qui divinise l'homme, qui le transforme, qui en fait un Dieu par la générosité. »

Celui qui aime sait embrasser les choses les plus pénibles et les plus amères; quelque peine qui lui puisse arriver, rien ne l'arrête, tandis que celui qui n'aime pas n'a que défaillance et langueur. » Non! qui n'a pas au cœur une sainte passion pour l'enfance, ne lui consacrera jamais ses sueurs et, s'il le faut, son sang et sa vie.

On ne manquera pas, je le sais, de vous indiquer d'autres mobiles : un intérêt raisonnable, un goût naturel pour l'enseignement, le sentiment du devoir. Certes, je me ferais un reproche de jeter la déconsidération sur ces principes d'action : ils ont leur valeur et je sais plus d'un noble cœur qu'ils animent; mais je tiens à vous montrer qu'ils sont insuffisants, les deux premiers surtout.

De l'intérêt, je dirai seulement avec le sage Rollin : « Le salaire que les instituteurs tirent de leurs peines est certainement bien légitime et bien mérité ; je ne voudrais cependant pas que ce fût là le seul motif, ni même le motif dominant, qui les engageât; mais que la volonté de Dieu et le désir de se sanctifier y eussent la principale et la première part. (1) » C'est qu'il est bien à plaindre celui qui vend à l'enfance pour quelques pièces d'argent sa liberté, ses loisirs, les plus belles années de sa vie ! Pendant dix, vingt ans, il fait un métier ; il n'y a pas de chaleur dans son âme; sa parole est froide comme le métal qu'il convoite ; ses sueurs n'ont pas assez de vertu pour féconder le sol qu'il devait cultiver ; aussi vous ne trouverez dans sa classe que peu de sentiments généreux, peu d'idées élevées, un faible développement intellectuel et moral. Cet homme cependant est constamment à sa tâche ; son école s'ouvrira et se fermera aux heures indiquées par les règlements ; ses leçons ne

____

(1) *Les Maîtres de l'Enfance* — Voy. Rollin, p. 124-169.

manqueront pas d'une certaine préparation; du dévouement, il aura les dehors ; l'âme, jamais.

Il est d'autres natures qui se donnent à l'enseignement
parce qu'il leur agrée. Belle passion, sans nul doute! Il
est d'une âme élevée de chercher des jouissances dans la
propagation de la science, d'aimer à tirer de son propre
fonds pour enrichir une intelligence naissante. Ce sera
plaisir de voir comme les méthodes pédagogiques ont pris
racine dans la classe de ces maîtres de l'enfance ! Distribution du temps, marche des exercices, direction des
études, discipline, tout est à souhait. Il n'y a qu'une
lacune qui, si elle n'est pas apparente pour tous, frappera,
du moins, des esprits plus clairvoyants. Ils ne tarderont
pas à reconnaître que ces maîtres se recherchent et
s'aiment plus que leurs enfants; — qu'ils se servent d'eux
comme d'un moyen pour satisfaire un goût personnel ;
— que la vanité n'est pas tout à fait étrangère à leur
dévouement ; — que ce dernier manque de fermeté et
d'étendue. Car, que le succès tarde à couronner leurs
efforts, il y aura dans leurs enseignements des langueurs
et des défaillances. Qu'il se rencontre, parmi leurs
élèves, des natures lentes, moins ouvertes, moins promptes
à saisir leur parole, il est à craindre qu'ils ne les sacri-
fient parfois à d'autres plus vives, plus privilégiées ; —
qu'ils ne se proportionnent pas toujours à leur faiblesse;
— qu'il n'y ait pas dans leurs cœurs une sollicitude
assez grande pour les porter à dire comme Jacob : « Je
ne puis marcher trop vite : vous savez que j'ai des petits
enfants (1). »

(1) Nosti, domine mi, quod parvulos habeam teneros. (*Gen.*
c. XXXIII, v. 13.)

Le sentiment du devoir, quand il est éclairé, vif, profond, prépare au dévouement une base plus large et plus solide, en faisant comprendre que l'on se doit à tous. Ce qu'il peut sur les natures élevées, ce qu'il leur impose, à un moment donné, de sacrifices, nous le voyons tous les jours. Mais je désire qu'il n'ait pas seulement pour principe un titre officiel: il pourrait, dans ce cas, tenir plus de la tête que du cœur. Et alors, que de lacunes inévitables, que d'oublis involontaires du côté de ces attentions délicates, de ces expédients ingénieux suggérés par l'amour pour supporter et diriger toutes les irrégularités d'une nature frêle, impressionnable et mobile comme celle de l'enfance! Vous pourrez avoir cette observation fine et pénétrante qui distingue à leur origine les tendances et les penchants, — cette froide prudence que les résistances n'émeuvent pas et qui les déjoue; — cette volonté ferme qui exige et obtient le respect, l'obéissance; — vous serez tous les jours l'homme de la règle et du devoir, — ne manquant jamais à votre poste, — remplissant votre mission sans faiblir, — portant votre titre avec un dévouement qui couvre votre responsabilité. Mais vous n'allez pas chercher les âmes avec votre âme, et il y a tout un monde d'idées, d'affections, de soins, auquel vous resterez étranger. Vous ne pouvez faire sortir de votre cœur ce courant chaleureux, sympathique, qui irait échauffer de jeunes cœurs et vous les rattacher: c'est que vous n'avez pas allumé en vous ce feu sacré qui brûle toujours sans consumer jamais.

Remontez à la source du dévouement de la mère. Il ne connaît ni défaillance, ni mesure; il dépasse en puissance tout ce que peut le sentiment du devoir; il a de plus des délicatesses infinies, parce qu'elle s'inspire sans cesse de ce précepte du Sauveur : *Vous aimerez.* Comprenez bien qu'instruire, c'est aimer ; — que l'éducation et le dévouement sont incomplets s'ils ne s'appuient sur l'amour de l'enfance. Portez donc dans votre classe tout ce que vous avez d'intelligence et de cœur ; unissez-les étroitement, afin qu'ils acquièrent une force à laquelle rien ne résiste.

Vous pourrez alors répéter les paroles du Maître par excellence, qui nous a donné le précepte du dévouement : « Laissez venir à moi les petits enfants. »

Vous êtes dignes que je vous rappelle à cette grande et belle idée du dévouement ; je sais que jamais on ne la touche sans remuer en vous les fibres les plus sensibles à tout ce qui est généreux. N'est-ce pas cette sainte passion du bien qui a fait un seul corps de la plupart de vous tous ; qui a mis en votre cœur et y conserve la pensée, la volonté d'être toujours là pour visiter par un bienfait, que l'on envoie souvent au loin, un collègue, un frère, sous le coup de la souffrance, peut-être dans la détresse ? Un de vous est dans la peine et tous veulent compatir ; tous veulent que l'espérance franchisse, en même temps que l'épreuve, le seuil de sa demeure. Le bien que vous faites, vous l'ignorez souvent ; mais on a demandé à votre main de secourir l'infortune, et l'obole généreuse, prélevée quelquefois sur le nécessaire, va porter au loin, dans une famille affligée, avec les secours d'une science intelligente et dévouée, un de ces témoignages de sympathie qui consolent et relèvent des courages souvent abattus. Cette *Société de secours mutuels* n'est-elle pas l'union la plus fraternelle qui se puisse concevoir ?

Elle compte en ce moment 362 membres. C'est un beau nombre, une phalange d'hommes généreux, réunis pour une de ces œuvres que bénit toujours la Providence, car c'est l'amour du bien, c'est le dévouement fraternel qui l'a inspirée, qui la soutient et la fortifie.

Les rangs de cette phalange vont s'ouvrir pour recevoir de nouveaux membres qui m'ont promis leur adhésion. A vous, les plus anciens de la famille, les inspirateurs et les soutiens de l'œuvre depuis son origine, d'y rattacher les membres encore éloignés. Plus il y a de volontés unies pour le bien, plus est large l'échelle sur laquelle il se produit.

IV

J'aimais à mettre les instituteurs et les institutrices en rapport avec les autorités départementales et avec leurs délégués. Quelquefois le jour de la révision était choisi pour ces réunions. Elles avaient lieu presque toujours au chef-lieu d'arrondissement, mais aussi avec un caractère pédagogique. M. l'Inspecteur primaire y convoquait cinquante, soixante instituteurs et institutrices.

Dans une de ces réunions, l'inspecteur d'académie eut à faire la conférence suivante :

Les Programmes. — L'Etude. — Socrate et Pestalozzi.

I.

Nous voilà réunis pour nous entretenir de nos devoirs. Vous voyez quelles hautes sympathies nous accompagnent. Si elles nous honorent, elles nous font aussi comprendre ce que l'on attend de nous. M. le Préfet et le conseil de révision constataient, il y a quelques instants, les forces physiques des jeunes hommes qui porteront demain les armes et le drapeau de la France; ils viennent ici nous demander comment nous entendons lui préparer une génération virile, joignant à la culture de l'intelligence la pratique des vertus domestiques, sociales et religieuses.

Vous le savez bien, ils ne doutent pas de votre dévouement à cette œuvre importante entre toutes; mais ils ont le souci du présent et de l'avenir, de la famille, du pays et de la morale, leur force la plus féconde; et plus ils se mêlent aux populations de nos villes et de nos campagnes, plus ils analysent leurs tendances, les besoins et les destinées de notre patrie, plus ils sentent monter en eux le courant qui entraîne vers l'enfance les sollicitudes et les espérances de tout cœur désireux d'une résurrection sociale.

Mais voyez donc quels éléments nous avons pour la préparer. Chaque année, dans nos 1,013 écoles nous réunissons près de 60,000 enfants. Sur tous les points de la France, se presse aussi dans les classes, sous des maîtres zélés comme vous l'êtes, une nombreuse population scolaire. Dans dix ans, vos élèves d'aujourd'hui seront partout, avec un rôle actif, ouvriers ou administrateurs de leur bien, attachés à des industries ou à la culture du sol, gérant peut-être les intérêts de la commune, et chefs d'une association que l'on ne peut trop fortifier : la famille. Il faut préparer en eux, pour cet avenir prochain, des hommes sérieux, comprenant et aimant leurs devoirs, résolus à mettre au service du bien, sous ses formes les plus diverses, leurs forces physiques, intellectuelles et morales, — non ces hommes légers d'esprit et de conscience qui jettent à tous les vents et à toutes les convoitises leur vie, leur honneur, la prospérité de la famille, la dignité du pays.

Quels moyens avons-nous? L'instruction et l'éducation morale, que vous ne laisserez jamais séparer, malgré les artifices des sophistes.

II.

A peine est-il nécessaire de vous rappeler le programme à remplir dans ce but : lecture, écriture, calcul, notions de géographie et d'histoire de France, d'agriculture et d'histoire naturelle, et, de plus, pour les jeunes filles, travaux manuels. Le champ est vaste: que d'éléments de vie intellectuelle et morale nous pouvons et nous devons y jeter chaque jour! « Quand donc, demandait, un jour, Horace Mann, un des hommes les plus considérables de l'Union américaine, quand donc s'occupera-t-on, de l'enfance, comme il convient ?... Si j'en étais le maître, je sèmerais des livres par toute la terre, comme on sème du blé dans les sillons. » Nos sillons, à nous, c'est la classe, et c'est l'enfance ; semons-y de saines et fortes doctrines.

III

Mais, pour rendre le sillon fécond, il faut y entrer avec des études antérieures, une préparation sérieuse et un travail soutenu, l'intelligence des besoins de l'enfant et des moyens propres à faire de ses facultés des puissances pour le bien. Nous avons, à cet effet, des programmes, et c'est déjà beaucoup. Qu'en faisons-nous, et comment devons-nous les comprendre ?

Partout, j'aime à le croire, ils sont dans la classe, à une place d'honneur; nos règlements l'exigent, et vous ne manquerez pas de vous inspirer, sur ce point, comme sur tous les autres, de leur esprit. Qu'ils soient toujours là pour nous protéger contre les difficultés qui peuvent surgir. Sur tous les points, des sympathies s'affirment en faveur de l'enseignement primaire, et nous n'avons certes qu'à nous féliciter de celles qui nous viennent; ne trouvons-nous pas en elles bienveillance, encouragement et force? Mais, dans des temps troublés comme les nôtres, on voit quelquefois se produire, sur les questions d'instruction primaire, des idées fort diverses, ici pour restreindre, là pour étendre les matières de l'enseignement.

Laissons l'autorité les discuter, et, si elles essaient de pénétrer dans nos classes, présentons comme une sauvegarde, avec toute la déférence possible, nos programmes approuvés.

Mais n'oublions pas que ces programmes nous obligent aussi et qu'ils doivent être là comme les régulateurs, toujours écoutés, de chacun de nos exercices. Et, reconnaissons-le, nous avons besoin de cette voix qui commande, qui veut être obéie. Vous le savez, nous avons tous nos goûts, nos tendances, nos prédilections pour certaines matières d'enseignement. Sous cette influence, nous sommes exposés à traiter les autres légèrement, ou du moins à ne pas les mettre en évidence, autant qu'il convient. Dans la préparation de la classe, on les féconde peu par l'étude; la parole est froide, quand il faut les exposer.

Qui souffre de ces préférences? Les enfants. Tous n'ont pas notre tournure d'esprit, et, s'ils ne trouvent pas les idées qu'ils cherchent, que les programmes promettent à tous, le dégoût naît, l'attention languit, les distractions se succèdent dans ces petites natures inoccupées, et l'intelligence ne s'ouvre pas. Faisons donc notre examen, et voyons, sans faiblesse, si nous demandons, chaque jour, à nos programmes, la voie à parcourir. A la fin du trimestre, arrêtons-nous en leur présence. Nous trouverons là trois juges : les études que nous avions à faire marcher d'un pas égal, les enfants dont toutes les facultés réclamaient notre sollicitude, la conscience avec une sentence sans appel, si notre préparation quotidienne n'a pas été sérieuse, nos efforts soutenus, notre action propre à élever les esprits et les cœurs.

Car il ne suffit pas de nous attacher à suivre des programmes qui sont en eux-mêmes des lettres mortes ; l'important est d'en tirer la lumière et la force morale. Sans cette préoccupation incessante de notre part, qu'apprendront avec nous les enfants? Dans nos livres de lecture, ils verront des lettres et des mots ; dans le calcul, d'abstraites combinaisons de nombres. Ecrire, ce sera tracer des caractères avec plus ou moins de goût ; en géographie, on récitera les noms de quelques capitales, de quelques chefs-lieux de département ou d'arrondissement ; en histoire, on bégaiera des bouts de phrases empruntées à de maigres abrégés. De l'instruction, point ; de l'éducation, moins encore ; un véritable vol intellectuel et moral pratiqué sur l'enfance à un âge où il faut seconder, activer en elle et diriger ses facultés et ses penchants.

Et le moyen? S'emparer des programmes et les méditer ; chercher pour soi-même, dans cette étude, une puissance qui donne à l'enseignement de la sûreté et de la vigueur. C'est avec notre âme que nous devons parler aux enfants. Or, dit un poète :

> « L'âme est un feu qu'il faut nourrir,
> Et qui s'éteint s'il ne s'augmente ». (1)

Notre premier devoir de tous les jours est donc de fortifier notre âme et de l'enrichir, d'y déposer un trésor de connaissances sûres et variées, de sentiments nobles et délicats, de vertus privées et civiques, afin de les répandre sur les jeunes natures qui viennent à nous, l'intelligence et le cœur encore vides, mais prompts à s'ouvrir pour recevoir la double vie intellectuelle et morale.

Ce trésor, nous le devons d'abord à des études persévérantes. Nous avons peut-être passé par l'Ecole normale; nous voilà possesseurs d'un brevet, gardons-nous de croire notre éducation terminée; elle ne fait que commencer. Nous contenter des notions acquises pour subir avec succès des examens, ce serait laisser s'éteindre dans notre âme la flamme qu'il faut, au contraire, activer sans cesse ; ce serait porter dans notre classe une nature froide et pauvre, au contact de laquelle l'enfance ne pourrait s'échauffer, ni s'enrichir.

Quand on doit parler au premier âge, quand on songe à tous les ressorts qu'il faut développer en lui, à son avenir que l'on prépare, et que l'on pèse sa responsabilité, ses propres moyens d'action, on n'a qu'une crainte, c'est d'avoir, un seul jour, négligé de les rendre suffisamment puissants. Alors on se prend quelquefois à redire, la douleur dans l'âme, comme ce vieux philosophe de l'antiquité : « Oh ! que je sais peu de chose ! »

(1) Voltaire.

C'est que pour cultiver, comme il convient, les jeunes esprits, il faut savoir beaucoup ; il faut s'inspirer de l'expérience du passé, demander aux maîtres dans l'art d'enseigner, leurs procédés, leurs secrets, ce qui en a fait auprès des enfants de véritables puissances. L'étude ! l'étude !

Ajoutons-y un retour incessant sur soi-même pour se connaître dans ses tendances, réprimer les unes, fortifier les autres ; un souci consciencieux de son amélioration morale. Où l'on ne développe pas chaque jour une vertu, il n'y a rien à prendre, rien à donner qui puisse élever les âmes. Si l'on parle, la parole est froide, sans effet ; l'exemple n'est pas là pour la soutenir, et l'on n'a pas à présenter le spectacle d'une belle vie qui entraîne. Pourquoi ne redirions-nous pas tous, chaque soir, cette prière d'un maître que l'on ne peut contempler dans le passé sans être ému, et qui reste là comme un de nos modèles les plus autorisés : « Mon Dieu faites que demain je sois meilleur qu'aujourd'hui ! » C'était le perfectionnement de son éducation professionnelle que sollicitait Fénelon, avec son âme si ardente et si pure. Puisse ce perfectionnement devenir aussi la préoccupation de toute notre vie !

Je vous ai dit que, pour développer et fortifier cette éducation, nous devons nous inspirer de l'expérience du passé, chercher partout des modèles. Laissez-moi vous en signaler quelques-uns.

IV

Le premier modèle qui se présente, je le trouve sur une des places publiques d'Athènes. Il porte un grand nom. La jeunesse se presse à ses côtés, attirée par le prestige d'une parole qui la saisit, qui élève son esprit et son cœur vers les idées supérieures de justice, de bien, de vertu. Vous avez nommé Socrate. Je ne vous dirai pas aujourd'hui ses enseignements; je voudrais seulement vous rappeler et vous faire aimer sa méthode (1).

Il est donc là, au milieu de disciples avides de recevoir son enseignement. Les problèmes les plus importants sont abordés : la piété filiale, l'amour fraternel, les devoirs envers la patrie, le fléau de l'ambition, le respect de la divinité, l'action de la providence dans le monde ; que sais-je encore ? Mais ne sont-ce pas là quelques-unes des hautes questions autour desquelles toute notre attention doit se concentrer dans nos classes?

Que fait Socrate ? Point de dissertations, mais des questions claires, nettes, saisissantes ; un appel incessant à l'observation et à la réflexion ; des interrogations bien conduites, qui vont chercher au fond des esprits des idées qui ne demandent qu'à sortir. Le maître charme ses élèves; il les fait parler, il recueille toutes les manifestations de leurs pensées; il en forme un tout où les inperfections sont rectifiées, les lacunes comblées. De découverte en découverte, sans efforts, avec toutes les jouissances du travail personnel encouragé, les auditeurs arrivent à la vérité, qu'ils considèrent comme leur conquête; ils apprennent à penser.

Des interrogations bien conduites ! Tout le secret de la méthode socratique et de ses merveilleux résultats est donc là. Pourquoi n'occupe-t-elle pas une place plus large dans nos classes? Pourquoi n'y implante-t-elle pas

____

(1) Voy. *Les Maîtres de l'Enfance* : Socrate, p. 1-99

l'habitude de la réflexion, et ce véritable travail intellectuel qui forme les natures aptes à conduire leurs pensées?

Je le sais, les livres avec questionnaires ne manquent pas. Mais n'espérons pas trouver en eux une direction capable de préparer une génération qui sache réfléchir. Ne voyez-vous pas que leur grand tort est de s'adresser avant tout à la mémoire, de la charger de solutions toutes faites, qu'elle accepte sans les discuter ?

On signale partout comme une des causes de nos plaies, non pas seulement dans le monde, mais dans nos écoles, le verbalisme. Trop de mots, dit-on, et pas assez de choses. On se contente du son qui frappe l'oreille, on ne va pas jusqu'à l'idée qu'il devrait éveiller. On a le mot; il se rattache à des questions d'instruction primaire ou d'histoire, de commerce, d'industrie et d'agriculture, de l'ordre politique, moral et religieux; on se jette avec assurance dans le débat, sans avoir jamais appliqué ses pensées aux problèmes agités. C'est à l'école, à l'éducation première, qu'il faut rattacher cette cause de nos faiblesses; des mots, des solutions, peu d'efforts pour les saisir, pour prendre un objet, une question, un personnage par leurs divers côtés, pour les analyser, les comparer à d'autres et sortir de ce travail avec l'habitude de motiver son appréciation.

Ne l'oublions pas, il ne peut y avoir, dans nos écoles, qu'un questionnaire vraiment intelligent: le maître. A lui de regarder, comme Socrate, au fond de l'âme des enfants et de faire l'inventaire de leurs idées; d'examiner celles qu'il importe de révéler successivement et de développer; — à lui de varier les interrogations pour que la lumière se produise, de coordonner les réponses en un tout que l'enfant pourra regarder comme sa découverte, pour dire ensuite : « Je vois, je comprends. » A lui d'habituer les enfants à regarder en face les individus, à pénétrer dans leur âme, à démêler la pensée sous des dehors souvent trompeurs, pour dire encore : « Je connais l'homme ; je le prends pour ce qu'il est, ou je le respecte. »

C'est à l'étude de ces côtés de la nature humaine que Socrate conviait ses auditeurs. Si les Albiciades échappaient à sa direction, il formait du moins des âmes qui arrêtaient sa patrie sur le bord de l'âbîme. Nous n'avons pas à porter l'enseignement dans des régions aussi hautes; mais en restant plus près de la terre, aiguisons dès maintenant les regards qui devront plus tard percer le masque des ambitieux, afin qu'il y ait moins de victimes exploitées au sein de nos campagnes et de nos villes. Je ne me dissimule pas combien cette direction exige de travail préparatoire, de connaissances acquises, de perspicacité, de patience et de sûreté. La méthode socratique est une puissance ; mais aux forts seuls il est donné de s'en servir, et il n'y a que l'étude pour les susciter.

Voilà pourquoi je ne cesse de vous rappeler l'obligation d'étendre votre éducation professionnelle. Je ne puis trop vous le répéter, le travail est pour nous un devoir impérieux, car nous ne sommes pas seulement des maîtres de lecture, d'écriture et de calcul. Qui n'aurait pas de sa mission des idées plus élevées en serait indigne. Pour la comprendre, il faut regarder plus haut et n'oublier jamais que nous sommes des éducateurs de l'enfance, que la famille, la société et notre conscience exigent que nous lui apprenions à se conduire et à penser.

Oui, lui apprendre à penser. Car, tenir son intelligence haute et ferme dans les voies où l'on saisit le vrai, où l'on s'affranchit de la passion et de ses ténèbres, de ses préjuges et de ses entraînements, où l'on s'attache au devoir et à ses prescriptions, c'est la grande affaire de la vie, de la première heure à la dernière.

Mais peut-être m'arrêtai-je trop sur l'emploi de la méthode socratique dans nos classes. Je prends d'autres côtés de nos devoirs professionnels. Pestalozzi sera mon guide.

V.

Ce fut un célèbre éducateur. Quand l'Allemagne entreprit de réparer ses désastres, elle chercha une force dans l'instruction primaire, et des maîtres furent envoyés à Yverdun pour s'inspirer des idées de Pestalozzi. Il y avait, en effet, dans sa méthode, une grande puissance intellectuelle. Savoir l'appliquer, c'était substituer à la passivité de l'enfant la spontanéité, à la mémoire le jugement, à la discipline mécanique et routinière l'expérience individuelle et réfléchie.

Il ne peut entrer dans ma pensée de vous en montrer aujourd'hui tous les développements ; mais quelques idées-mères doivent vous être signalées. Je les trouve dans ces deux formules : « L'éducation doit rendre tout visible et sensible aux enfants par le spectacle des objets... Pour former leur jugement, il faut parler à leurs sens. »

Et Pestalozzi appliquait ce précepte en montrant à ses élèves le plus d'objets possible, en leur apprenant à les compter et à les nommer, à saisir les formes et les proportions de chacun, à les dessiner sous toutes leurs faces, à en calculer le volume, la contenance, le poids, etc.

Vous comprenez ce que supposaient ces exercices; non pas des murs sales et dénudés, mais une classe parfaitement ornée, où tout pût parler aux yeux, saisir les sens et devenir pour eux le véhicule de la parole du maître. Pestalozzi garnissait, en effet, les murs de sa classe de maximes, de cartes géographiques, de dessins d'histoire naturelle, de physique, de chimie, etc. Savoir observer, se rendre compte de l'observation et en placer les éléments sous les regards de l'enfance, telle était pour lui l'essence même de l'éducation à tous les degrés.

Sa pensée est devenue partout une règle qui s'impose aux amis sérieux des progrès de l'enfance. Pour en poursuivre la réalisation, les sacrifices leur coûtent peu. Ils ne se contentent pas d'admirer une théorie; il leur en faut la pratique vivante. Et la pieuve, ce sont les efforts intelligents dont témoignait l'exposition de Vienne. Ici, les jardins d'enfants de Frœbel ; là, des collections de tout genres jetées par l'industrie dans le commerce pour répondre à des besoins partout compris.

L'idée de Pestalozzi commence à pénétrer dans notre France. Ces jours derniers, je lisais, je ne sais trop où, que plus de cent écoles d'un de nos départements, le Doubs, possèdent de vrais petits musées scolaires. Ils sont l'œuvre de tous : du maître qui a mis son intelligence à les créer ; des municipalités qui ont fourni des ressources, une des conditions de tout progrès ; des Conseils départementaux qui savent les étendre.

Où en sommes-nous dans notre département? Pourquoi ne pas l'avouer? La plupart de nos classes offrent encore un triste contraste avec celles de l'étranger. Sans doute, il est des maîtres qui s'ingénient, qui s'imposent même des sacrifices pour orner leur école ; les murs, avec leurs maximes, leurs cartes géographiques, leurs tableaux d'histoire sainte, d'histoire de France et d'histoire naturelle, etc., parlent aux enfants ; les jeunes étudiants se trouvent dans un milieu qui les intéresse, qui favorise le développement de leurs facultés et soutient l'attention. Le spectacle de l'ordre et de la propreté leur en inspire le goût ; des habitudes de bonne tenue se contractent, on voit naître le respect de soi-même. C'est l'adoucissement des mœurs qui se prépare ; le niveau 'ntellectuel et moral qui monte ; l'âme du maître qui entre dans celle de ses élèves.

Honneur et toutes nos sympathies aux instituteurs et aux institutrices qui s'inspirent ainsi de l'idée de Pestalozzi ! Qu'ils prennent courage : de légitimes récompenses ne peuvent manquer de les dédommager un jour de leurs sacrifices. Ils ont déjà la conscience du bien accompli ; leurs exemples s'imposeront ; ce sera un autre triomphe, et celui qui leur tiendra le plus à cœur, car ils se trouveront parmi nous comme les promoteurs du progrès.

Que ne puis-je vous faire comprendre ce que j'ai vu, dans leurs classes. Là ! tout s'anime, tout prend corps et vie, tout passe dans la plus simple leçon de lecture : les jouets du petit enfant, et le charbon ou le bois qui sert, dans les mauvais jours, à réchauffer ses membres, — les vêtements qui les couvrent, les aliments qui contribuent au développement de leurs forces physiques, l'oiseau qui voltige dans les airs, l'insecte qui bourdonne sous l'herbe. Non, rien n'est oublié, ni l'agneau qui donne sa laine et sa viande, ni le père de famille qui gagne à la sueur de son front le pain de l'enfant, ni la Providence qui fait tomber sur le grain de blé sa rosée et son soleil.

Pendant ces leçons, dont les éléments se trouvent là, sous les yeux de tous, les regards sont attentifs; les oreilles ouvertes; le toucher palpe les objets: il en constate les contours, la solidité ou la mollesse. L'éducation des sens se fait. Se conservant dans leur délicatesse et leur pureté, ils sont plus aptes et plus prompts pour laisser entrer dans l'âme ce qui l'enrichit et l'élève: le sentiment des merveiles de la nature, des sollicitudes de la famille et des bienfaits de la Providence. C'est l'être moral qui se prépare dans ce qui doit être sa lumière, sa gloire et sa force.

N'a-t-on pas là l'instituteur que rêvait le P. Girard, l'instituteur qui doit former l'esprit pour former le cœur, amener la lumière dans les âmes encore naïves, pour y amener la sagesse et le bien? N'a-t-on pas la véritable école populaire, où tous les éléments d'études servent à la culture de l'âme, et où l'enfant s'améliore par les choses qu'il apprend et par la manière dont il les apprend?

Pour être cet instituteur, pour avoir cette école sous notre direction, ne laissons pas passer un jour sans nous inspirer des maîtres qui nous ont précédés et sans améliorer notre éducation professionnelle.

V

Les Sociétés et les Bibliothèques pédagogiques. — Origine
de ces institutions dans un des départements de l'Ouest.

I.

On a compris quelle source de progrès renferment
les *Sociétés* et les *Bibliothèques pédagogiques;* aussi
ont-elles pris partout de grands développements.

Qu'il nous soit permis de rappeler ici une lettre in-
sérée, le 26 juin 1876, dans un des journaux d'un département de l'Ouest. Elle lui fut adressée par un *ami* de
l'instruction primaire. Elle reproduisait les impressions
d'un instituteur au sortir d'une *conférence* pédagogique.
L'empressement de ses collègues à suivre les conseils
donnés prouva que tous attachaient une égale importance à la création de ces *Sociétés* et *Bibliothèques pédagogiques.* Le signaler c'est faire leur éloge. Collabora-
teur, pendant plusieurs années, de ces fonctionnaires,
nous leur devons ce souvenir plein de sympathies et de
reconnaissance pour leur dévouement à l'enfance.

II.

« Monsieur le Directeur,

« Quoique n'ayant pas l'honneur d'appartenir à l'Univer-

sité; je m'intéresse beaucoup aux questions d'enseignement et surtout d'enseignement primaire. Je puis, d'ailleurs, donner satisfaction à mes goûts sous ce rapport, car
je suis intimement lié avec l'Instituteur de ma commune,
qui est un de ces maîtres intelligents et dévoués dont
la vocation est toute d'attrait. Je le rencontrai hier soir,
17 juin 1876, lorsqu'il revenait de M*, où une réunion des
Instituteurs et des Institutrices du canton avait eu lieu
sous la présidence de M. l'Inspecteur d'Académie. —
« Voici une journée qui ne sera pas perdue pour nos
« écoles du canton, me dit-il. Il est bon, même pour les
« maîtres les plus dévoués, de s'entendre rappeler leurs
« devoirs, et, d'ailleurs, M. l'Inspecteur nous a soumis
« quelques idées nouvelles dont je tiens à vous faire part,
« et qui m'ont paru excellentes. »

« Mon Instituteur me dit d'abord ce dont il s'agissait :
créer, dans chaque canton, une Société pédagogique et
une bibliothèque à l'usage spécial des Instituteurs et des
Institutrices. Il me résuma ensuite les motifs qui avaient
été exposés par M. l'Inspecteur d'Académie. — J'ai pu
en retenir les principaux points et j'ai pensé, Monsieur
le Directeur, qu'il vous serait agréable de les faire connaître par la voie de votre estimable journal aux Instituteurs de notre département.

« Et d'abord, quel sera le but de ces *Sociétés pédagogiques* cantonales ? Comment fonctionneront-elles ? — « Nos
maîtres ont du bon vouloir, une instruction suffisante,
mais les connaissances pédagogiques leur manquent.
Nous devons nous attacher, a dit M. l'Inspecteur d'Académie, à les leur donner, afin que le zèle et le dévouement ne soient pas, comme il arrive souvent, dépensés
en vain. Pour éviter cette perte des plus regrettables,

nous les engageons : 1° à former une *Société pédagogique* cantonale, qui se réunirait à des époques déterminées, sous la présidence de l'Inspecteur primaire ; 2° à s'occuper de créer une bibliothèque cantonale, où l'on s'efforcerait de réunir des ouvrages propres à répandre les notions nécessaires pour imprimer à nos classes une bonne direction.

« Ces ouvrages seraient mis à la disposition des Instituteurs et des Institutrices de la Société. Il en serait demandé des analyses, dont la lecture ferait le fond d'une discussion qui serait dirigée par l'Inspecteur primaire, et même par l'Inspecteur d'Académie, lorsqu'il pourrait y assister. Ce fonctionnaire cesserait d'être seul à prendre la parole, comme cela a lieu dans les conférences actuelles : tous y apporteraient leurs idées et leur expérience. Il finirait nécessairement par entrer plus de vie dans nos classes. L'Instituteur et l'Institutrice atteindraient de plus en plus à la hauteur de leur mission. Ils contribueraient ainsi, par leur parole et par leur exemple, à élever dans la nation le niveau de l'âme humaine, comme le disait récemment M. Dumas, de l'Institut, en prononçant l'éloge de M. Guizot. Ce sera le progrès intellectuel et moral. Il répondra aux efforts tentés par le gouvernement pour améliorer les locaux scolaires et la position des fonctionnaires de l'instruction primaire. Et, à cette occasion, M. l'Inspecteur d'Académie a lu les passages les plus saillants de la circulaire ministérielle du 14 juin, qu'il avait trouvée le matin dans un journal. (1)

---

(1) M. Waddington, *Demande de renseignements sur l'état des bâtiments scolaires dans les communes*, 15 juin 1876.

« Mon Instituteur m'a assuré que cette proposition a
été unanimement accueillie par les membres présents à la
réunion. — « On s'occupe de nous, m'a-t-il dit, et il faut
« que nous répondions par tous nos efforts à la con-
« fiance qu'on veut bien nous accorder: Certes, nous ne
« prétendons pas être les *apôtres de la civilisation;*
« mais nous pensons que nous pouvons contribuer au
« bien de la société, en faisant l'éducation religieuse et
« morale des enfants qui nous sont confiés. Pour attein-
« dre ce but, nous le sentons bien, c'est toujours la
« science pédagogique. qui nous manque, la science si
« difficile d'élever les enfants, d'en faire des hommes
« d'ordre et de travail, des mères de famille vertueuses
« et dévouées. Combien nos jeunes confrères ne reti-
« reront-ils pas de fruits de ces réunions pédagogiques
« et de la lecture de livres spéciaux qu'ils ne peuvent
« acquérir, faute de ressources? Un maître qui ne tra-
« vaille pas tombe fatalement dans la routine, et la rou-
« tine a toujours été l'ennemie du progrès. Le projet de
« notre Inspecteur d'Académie ne tardera pas à être
« réalisé. Nous allons nous organiser, rédiger un règle-
« ment et soumettre les statuts de notre Société cantonale
« à l'approbation de l'autorité supérieure. D'ailleurs,
« notre chef a foi, comme il nous l'a dit, dans le zèle et
« le dévouement des Instituteurs et des Institutrices. Il
« n'a pas oublié les travaux que nous avons entrepris en
« vue de la dernière exposition scolaire. Nous ferons
« encore, à cette occasion, tous nos efforts pour lui
« montrer que sa parole ne tombe jamais dans une terre
« stérile.

« Nos ressources seront restreintes au début, car si
« l'argent est le nerf de la guerre, on a peut-être trop

3.

« oublié jusqu'ici qu'il est aussi le nerf de l'instruction ;
« nous ne reculerons pas nous-mêmes devant des sacri-
« fices, et nous ferons appel aux hommes dévoués qui
« viendront certainement à notre aide. »

« Vous approuverez sans doute comme moi, Monsieur le
Directeur, ces louables résolutions. Je n'ose pas vous
demander d'ouvrir dans les bureaux de votre journal une
souscription en faveur de cette nouvelle institution scolaire. Il vous suffira, j'en suis convaincu, de la signaler
à vos lecteurs pour lui concilier toutes les sympathies
des nombreux amis de l'instruction primaire, et j'espère
que ces sympathies ne tarderont pas à se traduire par
des chiffres.

« C'est le vœu que je forme en terminant cette esquisse
bien imparfaite, et en vous priant, Monsieur le Directeur, d'agréer l'assurance de ma considération très distinguée. »

E. D.

III.

Après quelques mois, une Société pédagogique fut organisée dans chacun des 38 cantons du département. Au
mois de novembre 1877, on comptait, comme membres
adhérents, 426 Instituteurs et 318 Institutrices. Leurs
cotisations s'élevaient à la somme de 2.225 fr. 95 cent.
Diverses personnes dévouées aux intérêts de l'enseignement primaire, leur avaient remis, en outre, 350 fr.
Leurs Bibliothèques renfermaient 3216 volumes. Ils en
devaient un grand nombre à la générosité des principaux
éditeurs de la capitale : Belin, Colin, Delagrave, Dupont,
Hachette, etc.

Ces ouvrages donnèrent bientôt lieu, dans les Conférences, à des comptes-rendus intéressants et à des discussions fort judicieuses. Inutile de dire combien ces travaux développèrent, parmi les membres du corps enseignant, le goût de l'étude et la science pédagogique.

IV

Et voilà comment se préparent les progrès de l'Instruction primaire, quand on a pour collaborateurs des Instituteurs et des Institutrices qui joignent à l'intelligence l'amour de leurs fonctions. Gloire à eux! Mais reconnaissance aussi pour les joies si pures que m'ont causées plus d'une fois leurs succès !

A la dernière Exposition scolaire, ils ont mérité un des premiers rangs dans la liste dressée par le ministre de l'instruction publique. Que dire de plus pour faire leur éloge?

VI

Les Bibliothèques pédagogiques aux Etats-Unis. — Utilité des journaux scolaires.

I.

Des études persévérantes sont indispensables pour perfectionner l'éducation professionnelle des maîtres de l'enfance. Il leur faut des ouvrages qu'ils puissent méditer. Leurs ressources privées ne leur permettraient pas souvent de se procurer les livres les meilleurs. Ils les trouvent dans les Bibliothèques pédagogiques.

On ne doit pas regarder comme nouvelle de tout point cette institution à l'usage spécial des maîtres et des maîtresses d'école. En la créant, nous étions devancés par un peuple qui met par dessus tout en honneur l'instruction et l'éducation des enfants.

Et la preuve? Je la trouve dans un livre (1) que je voudrais entre les mains de tous les maîtres, ou, du moins, dans toutes nos bibliothèques pédagogiques. Il nous transporte par delà l'Atlantique, au sein d'une région qui compte plus de 39,000,000 d'habitants. Vous nommez les Etats-Unis. Il ne nous les fait pas connaître par les

(1) Rapport de M. Buisson sur l'Instruction primaire à l'Exposition universelle de Philadelphie, en 1876.

côtés qui peuvent intéresser le plus d'autres pays : la richesse du sol, l'industrie, l'activité commerciale. C'est au milieu de leur vie scolaire qu'il nous transporte ; il nous en expose d'une manière saisissante l'organisation, les développements, la méthode et les résultats. Tous les Etats sont là. Passez du Nord à l'Ouest ; descendez au Sud ; remontez vers le Centre ; arrêtez-vous sur ces rivages de l'Est que baignent les flots de notre Atlantique, partout une sollicitude qui monte jusqu'à la passion et qui relie toutes les forces vives du pays autour d'un problème dominant : « l'Education. »

Les Etats-Unis ont pour elle une sorte de culte. Elle a eu ses jours sombres, ses époques stériles, coïncidant avec les épreuves qui ont précédé l'affranchissement. Quand leurs regards s'arrêtent sur cette partie de leur histoire, on y surprend une sorte de tristesse émouvante. Ce qu'était alors l'instruction, les écoliers américains nous le disent en quelques pages qu'il faut lire (1), puisqu'elles permettront de comprendre comment des efforts et une direction intelligente ont, pour employer une expression américaine, fait monter peu à peu le thermomètre scolaire et appris à considérer la jeune génération « comme la grande richesse du pays. »

C'est alors que l'éducation s'en est emparée. C'est par elle, dit un surintendant d'Etat, que la condition sociale des Etats-Unis s'est améliorée (2) ; c'est elle qui, en formant les mœurs et l'esprit publics, a montré que, bien dirigée, elle est une puissance irrésistible.

(1) Buisson, *Devoirs d'écoliers américains*, p, 141 et suiv.
(2) Buisson, *Rapport sur l'Instruction primaire à l'E xposi tion universelle de Philadelphie*, p. 28.

Là, toutefois, comme partout, elle rencontre des obstacles : l'ignorance, l'indifférence et la cupidité. Pour en triompher, pour enlever les écoles aux maîtres peu capables, assurer le perfectionnement moral de l'enfance et faire pénétrer partout une organisation vigoureuse, de vrais instituteurs, des hommes réunissant la science que leur mission exige, sont formés.

Deux institutions d'un ordre divers, mais qui portent partout l'idée, la force, la vie, y concourent ; le pays tout entier s'y intéresse ; ce sont : 1° les cours pédagogiques « destinés à atteindre les Maîtres qui n'ont pu ou ne peuvent pas ressentir l'influence des écoles normales ; » (1) 2° les bibliothèques pédagogiques. Celles-ci s'adressent à tous. Pour tous, elles ont une voix, des conseils qu'il faut recueillir.

Avec quel soin on les organise, combien l'on met de sollicitude à les former, un exemple nous l'apprend. C'est d'elles seulement que je désire vous entretenir aujourd'hui, vous exposant ce qu'elles sont aux Etats-Unis, ce qu'elles peuvent devenir chez nous.

II.

Il existe à Washington un bureau central ou national d'éducation. — Une bibliothèque d'une richesse presque unique dans sa spécialité a été graduellement formée par les soins des Membres du Bureau. Elle comprend, d'une part, des ouvrages choisis « concernant l'histoire « et l'art de l'éducation aux Etats-Unis et à l'étranger ;

(1) Buisson, *Rapport sur l'Instruction primaire à l'Exposition universelle de Philadelphie*, p. 569.

« d'autre part, des documents sur les examens annuels
« des établissements publics d'instruction, le degré et la
« valeur des résultats obtenus dans les écoles spéciales
« et professionnelles.

« Un des éléments les plus importants de la collection
« se compose des journaux scolaires de l'Union... (1) »

Nous sommes loin de posséder, dans nos *Bibliothèques pédagogiques*, ces riches collections. N'y eût-il
cependant que la lecture attentive de nos *Journaux
scolaires*, nous pourrions en retirer le plus grand profit. Laissez-moi, pour vous le prouver, appeler votre
attention sur trois travaux remarquables, qu'entre beaucoup d'autres, je trouve dans le *Journal des Instituteurs*
et le *Manuel Général* de l'Instruction primaire.

Il s'agit de la *discipline*, de *l'emploi du temps* et de
l'organisation pédagogique des écoles. Ce sont là des
sujets qui semblent n'avoir rien de bien nouveau. Voyez
cependant quels enseignements nous apportent les travaux indiqués, et que je ne puis, à mon grand regret,
que parcourir rapidement avec vous, mais en vous re-
commandant de les méditer.

III.

§ 1. — *De la discipline dans l'Ecole primaire.* — Je
commence par vous dire que le *Journal des Instituteurs* a traité, dans treize numéros, cette grave question
et toujours avec des vues fort élevées (2). C'est assez

(1) Buisson, *Rapport sur l'Instruction primaire à l'Exposition universelle de Philadelphie*, p. 23 et 24.

(2) Voir les numéros des 16 et 21 décembre 1878, 6, 13 et 20
janvier, 10, 17 et 24 février, 3, 17 et 31 mars, 7 et 14 avril 1878.

vous en montrer l'importance. Je ne puis la considérer ici que par quelques côtés.

Et d'abord, une bonne discipline fait l'enfant respectueux et docile, laborieux et attentif, et cela sans le contraindre, sans forcer sa nature.

Un instituteur peut connaître les meilleures méthodes dictées par l'expérience, avoir acquis des connaissances étendues qu'il doit transmettre à ses élèves, se mettre à l'œuvre avec de bonnes intentions, et cependant échouer complètement. Pourquoi donc? C'est qu'il ne sait pas amener ses élèves à suivre la direction qu'il leur imprime, à respecter l'ordre établi, à profiter et à laisser profiter les autres des leçons qui sont données à tous; en un mot, c'est qu'il ne sait pas maintenir la discipline.

Par discipline, il faut entendre non seulement l'ordre matériel, la régularité des exercices, mais aussi le silence, l'attention, la soumission, la docilité des enfants, et surtout le calme extérieur et l'application des esprits.

Ce mot *discipline* a-t-il été bien compris de tous nos maîtres et de toutes nos maîtresses? Cette action, sévère parfois, mais toujours bienveillante, du maître sur l'âme et la volonté de l'enfant, s'exerce-t-elle d'une manière convenable? Produit-elle réellement l'amélioration intellectuelle et morale de l'enfant qui la subit? Forme-t-elle les caractères, les cœurs? Obtient-elle de l'enfant tout ce qu'elle peut et doit obtenir? Non assurément.

Ce mot *discipline* ne rappelle-t-il pas trop souvent le souvenir de punitions aussi absurdes qu'inhumaines, d'injures, de châtiments, de coups?

Un ancien professeur, dans le Wurtemberg, résumait ainsi les cinquante années de sa carrière : « Il avait « donné, dit-il, neuf cents coups de bâton, près d'un

« million de coups à la tête, environ dix mille soufflets,
« etc., etc.; » de sorte que les moyens de répression
employés par ce maître étaient, en moyenne, de cent
vingt pour une seule journée.

Heureusement, le système des punitions corporelles a
disparu entièrement de nos classes.

Mais, si l'on a banni ces sortes de punitions, nos
maîtres et maîtresses ont-ils suffisamment compris la
mission qu'ils ont à remplir auprès des enfants ? N'em-
ploient-ils pas encore quelquefois, à l'égard de leurs
élèves, de ces termes injurieux, de ces paroles grossières
qui ne peuvent être dictées ni par la politesse, ni par la
raison ? — L'unique but que l'on semble se proposer,
c'est, le plus souvent, de réduire, de contraindre l'enfant
au silence, à l'immobilité. La discipline n'est plus alors
un moyen d'éducation, c'est une machine à mâter les
caractères, à rompre, à briser tous les ressorts qui font
de l'enfant une nature active, remuante, et qui, par là
même, est une condition de vie et de progrès.

Tout plier, tout contraindre, traiter toutes les natures, toutes les âmes, tous les esprits, tous les caractères, tous les cœurs de la même manière, ce n'est pas
l'autorité, mais la violence; c'est la discipline matérielle.

Aussi n'obtient-elle, le plus souvent, aucun résultat.
Presque toujours on parvient à cacher le mal dans le
fond des âmes, à faire mépriser secrètement l'autorité.
Les suites de cette répression entraînent presque toujours la haine de la religion, la corruption des mœurs
et le dégoût du travail. Voilà les tristes conséquences de

cette discipline qui brise et contraint tout, et qui enlève à l'enfant tout ce qui fait l'homme honnête et vertueux. C'est, en un mot, l'anéantissement de l'éducation.

L'instituteur a charge d'âmes ; son œuvre est une œuvre intérieure, spirituelle : voilà pourquoi il faut la discipline morale, c'est-à-dire la fermeté accompagnée de la bonté, l'autorité du *maître* reposant sur *l'affection* des enfants et inspirant à tous une *respectueuse docilité*.

Il faudrait même donner à la discipline une autre mission : celle de faire aimer le séjour de l'école. Tout en maintenant l'ordre dans la classe, elle peut y répandre des charmes qui attirent les enfants et qui leur préparent un milieu physique, intellectuel et moral dans lequel ils sentent la vie monter vers toutes les parties de leur être.

Une des conditions essentielles, c'est de les occuper, selon leurs aptitudes et leurs goûts. On le fera, ou du moins on se préparera sans cesse à le faire, si l'on se pénètre bien de cette pensée : qu'il y a pour tous les Maîtres obligation stricte de « respecter le temps que leur donnent les enfants ; que, dans la durée si réduite des études primaires, les jours, les heures sont comptés »; que laisser perdre quelques-uns de ces jours, « c'est prendre sur leur capital et mutiler cette éducation, qui n'est pourtant que le minimum de la culture nécessaire à l'homme et au citoyen. » (1)

(1) Waddington, *Circulaire* du 1er mars 1877.

IV.

§ 2. — *Gaspillage du temps.* — Et n'arrive-t-il jamais qu'il y ait souffrance dans l'emploi du temps ? Le *Manuel général de l'Instruction primaire*, un de nos journaux pédagogiques, a publié sur cette question une étude que nous ne saurions trop méditer. Il l'intitule : *le Gaspillage du travail dans l'éducation.* C'est un discours qui nous vient des Etats-Unis et qui a été prononcé devant « l'Association des Instituteurs », à New-Haven.

1° On y parle d'abord d'un gaspillage du temps qui, hélas ! se rencontre encore trop souvent dans bon nombre d'écoles. Ici, un Maître se laisse entraîner par ses goûts pour telle ou telle partie du programme, la leçon d'arithmétique, par exemple, qui doit durer quarante minutes et qui se prolonge pendant une heure. Ailleurs, on parle sans suite, sans préparation, sur un sujet qui se trouve, comme par aventure, introduit dans la matière qui fait le sujet de la leçon; on s'évertue, on s'agite, on parle haut, et tout cela sans profit, parce qu'il n'y a pas de méthode. Dans d'autres cas, c'est tout le contraire qui se produit; on prend froidement le livre de l'élève ; on fait réciter à chacun le mot-à-mot d'une leçon qui n'a pas été expliquée et que l'Instituteur ne s'est pas souvent donné la peine d'apprendre ou même de lire à l'avance : leçons monotones, fastidieuses, ennuyeuses pour le professeur et pour les élèves ; cause de bruit et de désordre dans une classe; résultat fatal du gaspillage du temps !

Indiquons encore, d'après le discours de New-Haven,

quelques sources de ce gaspillage : l'*Imperfection de l'enseignement*. On la trouve dans les écoles « sans système d'éducation et par cela même sans enthousiasme, car le véritable enthousiasme pour l'étude est incompatible avec un mauvais système d'enseignement. » Et où manque l'enthousiasme, ne cherchez ni cette passion généreuse, ni ce don de soi-même qui portent la vie dans l'enseignement et une âme dans d'autres âmes, afin de les échauffer et de les élever. Là, tout est froid : l'âme du Maître, la classe et les enfants. S'ils répondent à une question, ce sera tant bien que mal. Qu'ils aient une demi intelligence du sujet, on s'en contente. Rien n'est tenté pour qu'ils gagnent en lucidité d'esprit, en notions acquises, en précision dans le langage.

2° Autre source de gaspillage : l'*Enseignement de matières de médiocre importance*. N'est-il pas vrai que quelquefois « on frémit en considérant le fatras que l'on impose à la mémoire des élèves dans l'étude élémentaire de la grammaire, de la géographie et de l'arithmétique ?... »

3° Viennent ensuite les *mauvais livres de textes;* la perte du travail qui résulte d'études trop difficiles; la culture forcée qui livre les écoliers précoces apprenant par routine et appliquant admirablement des choses qu'ils ne comprennent pas; *l'habitude de copier de vieilles erreurs* dans de vieux livres considérés comme vénérables, parce qu'ils sont signés de noms célèbres ; les exigences des familles qui veulent « faire entrer des *enfants stupides* dans des classes dont ils paralysent la marche et le progrès » ; l'oubli, qu'on ne peut trop condamner, « de faire marcher de pair avec l'instruction l'éducation morale ».

Voilà une énumération passablement longue. Et cependant nous n'avons pas épuisé toutes les idées exposées par notre éducateur américain; qu'on les étudie dans son discours.

Il y a là uue question fort grave, un cas de conscience, car nous sommes responsables devant Dieu de tous les instants de ces chers enfants qui sont confiés à notre direction. Nous ne saurions trop réfléchir sur ce côté important des devoirs qui nous sont imposés. Prenons donc nos *Journaux pédagogiques*. Inspirons-nous de leur direction; le progrès y gagnera, sans que nous ayons à mettre plus de dévouement dans l'accomplissement de nos devoirs de chaque jour. Insensiblement nous verrons un horizon nouveau s'ouvrir devant nous, et nous nous trouverons, sans beaucoup nous en apercevoir, dans un milieu où le travail sera plus facile et plus fécond, le succès plus rapide et plus durable.

V

§ 3. — *Ordre à suivre dans la culture des facultés.* — Tenez! voici une autre étude que je vous recommande. Je la trouve dans le *Journal des Instituteurs*. Il s'agit de la méthode à suivre dans l'enseignement. Ecoutez le programme :

« Dans un temps deux fois, trois fois plus court, arriver au même but, avec une plus grande satisfaction intellectuelle et un amour plus prononcé pour la science, voilà un résultat réel, évident, et que tout le monde peut constater. A quoi ce résultat est-il dû ? A la supériorité de la méthode. Et cette supériorité elle-même, à quoi tient-elle ? »

La réponse nous vient de Québec, d'un éducateur du pays, l'abbé Lagacé. — Nous voilà encore en Amérique ! allez-vous peut-être me dire. Mais oui ! La raison en est fort simple : nous avons là des études provoquées et autorisées par la grande Exposition de Philadelphie. Prenons-les. Et pourquoi ne pas ajouter : L'Exposition scolaire de Paris a donné lieu aussi à des travaux qui peuvent nous aider à marcher dans la voie progressive que nous essayons de vous tracer ?

Voyons donc quel est l'esprit qui doit dominer dans la mise en œuvre de nos programmes primaires.

Un grand principe, avant tout, paraît être trop négligé chez nous : développer d'abord l'intelligence, le jugement et l'esprit d'observation chez les enfants ; en un mot, faire comprendre avant de faire apprendre. — Est-ce bien là notre manière de procéder ? Combien de maîtres disent encore à leurs élèves : « Vous apprendrez tel chapitre de l'Histoire de France, les deux numéros suivants de votre Grammaire ou de votre Arithmétique ! » Aucune explication n'est donnée... Avouons-le tout bas : souvent même ce chapitre, ces numéros ne sont nullement connus du maître ! L'enfant apprend des mots que son heureuse mémoire retient ; mais des idées, pas une ! — Aussi, ses facultés intellectuelles restent-elles à l'état rudimentaire, et l'on est surpris de trouver, après des années d'école, des enfants incapables de rédiger une lettre ou de traiter les questions les plus ordinaires de la vie pratique.

Voilà pourquoi nous ne cesserons d'insister sur l'application de cette méthode rationnelle que nous voudrions rencontrer dans toutes nos écoles.

Abandonnons donc les exercices au moins inutiles,

tels que : épellation de mots détachés, opérations arides d'arithmétique, longues copies de sujets insignifiants ou en dehors de la portée des enfants, récitations textuelles de leçons non *expliquées.* Remplaçons-les par des leçons orales préparées avec soin et d'après un *cadre écrit* à l'avance, ne donnons jamais une leçon à apprendre sans l'avoir préalablement expliquée ; que les devoirs écrits soient l'application des leçons orales, et qu'ils aient pour texte des notions usuelles et à la portée des jeunes intelligences ; que, par dessus tout, l'idée morale et religieuse domine dans notre enseignement.

Pour nous résumer, culture de l'intelligence, puis de la mémoire. Et rien de plus facile à justifier.

« La raison, dit l'abbé Lagacé, saisit la vérité ; la mémoire la retient; la raison la perçoit, la comprend ; la mémoire la conserve. Or, pour conserver une chose, il faut d'abord la posséder. Le travail de l'intelligence doit donc précéder celui de la mémoire. » (1)

N'y a-t-il pas encore là une bonne direction que nous rappellent nos *Journaux pédagogiques?* Elle pourra contredire la routine qui ne voit dans l'enfant que la mémoire, et qui l'accable souvent de mots qu'il ne comprend pas... Qui gagnera à la disparition de cette routine ? L'enfant d'abord, qui entrera sans trop de fatigue en possession de ses facultés intellectuelles et morales, puis, le maître, tout enchanté de trouver, un jour, chez ses enfants, plus que des mots, des connaissances réelles et durables, d'assister aux premières manifestations d'une intelligence qui comprend, et non aux efforts, souvent stériles, d'une mémoire qui cherche ici et là des bouts de phrase.

(1) *Journal des Instituteurs,* année 1878, n° 10, p. 169.

VI.

§ 4. — *Direction pédagogique à suivre dans les écoles rurales.*—Pures théories ! dira-t-on peut-être. Indiquez les moyens d'obtenir les résultats préconisés.—Volontiers. J'ai lu, dans le *Manuel général de l'Instruction primaire*, des *Considérations sur la direction pédagogique à suivre dans les écoles rurales.* Le travail me paraît avoir une grande valeur et un caractère pratique. Ne pouvant l'analyser ici dans toute son étendue, je vous exhorte à le lire et à vous en inspirer. L'auteur lui-même le résume dans ces trois propositions :

« Nécessité pour un instituteur d'avoir un plan d'en-
« seignement nettement arrêté, tant en ce qui regarde
« la répartition des matières qu'en ce qui concerne l'em-
« ploi journalier du temps ;

« Possibilité d'enseigner à toutes les divisions, même
« à celle des petits enfants, dans les écoles rurales,
« toutes les matières obligatoires de l'enseignement
« primaire ;

« Indispensable besoin, pour le maître, d'une prépa-
« ration quotidienne de la classe ».

Rien de nouveau, semble-t-on me dire. Je le crois bien ! Depuis longtemps, en effet, nous recommandons, pour chaque division, un emploi du temps dont tous les maîtres doivent se rendre les esclaves. Et, répétons-le encore aujourd'hui : sans emploi du temps, point de discipline, point de progrès ! Mais sommes-nous toujours compris ?... L'emploi de temps ne reste-t-il jamais une lettre morte ... une de ces feuilles accolées aux murs que la poussière couvre bientôt ?

Comme corollaire, il nous faut un programme pour chaque partie de l'enseignement, et pour chaque division; nous l'avons encore. Mais commande-t-il toujours en maître absolu ? Est-il écouté par tous ? Et la préparation quotidienne des leçons n'est-elle jamais omise ?.... Autant de questions que chacun de nous examinera dans le for de sa conscience. — Puissions-nous tous sortir de cette étude ou de cette revue rétrospective l'âme parfaitement tranquille ! Vous devez comprendre combien je le désire ; il est si doux de vivre en paix avec sa conscience !

Et nos *Journaux pédagogiques* ne se contentent pas de nous tracer la voie à suivre; ils nous la rendent plus facile en nous offrant les modèles d'exercices. Ouvrez le *Manuel général,* vous y trouverez une série de leçons fort intéressantes sur l'enseignement de la grammaire, de la géographie, de l'histoire, etc. Le *Journal des Instituteurs* nous sert avec la même intelligence un *Cours de Méthodologie,* des *Lettres pédagogiques,* une suite d'articles sur les *Écoles enfantines,* la *Pédagogie des travaux à l'aiguille,* etc. Nous ne citons ici que les travaux les plus récents.

Prenons donc les recueils qui les ont publiés et qu'ils deviennent nos guides dans la seule voie qui conduit au progrès.

VII.

Aux Etats-Unis, je dois vous l'avouer, une partie du personnel enseignant ne se rend pas toujours aux exhortations les plus pressantes. Voici ce que nous apprend à ce sujet la *Revue pédagogique* :

« Le surintendant des écoles de Kansas City (Missouri) a eu l'idée de faire une enquête sur le plus ou moins de zèle que les instituteurs, placés sous sa direction, mettent à accroître leurs connaissances par des lectures pédagogiques. Il leur a adressé un questionnaire ainsi conçu :

« 1° A quel journal d'éducation êtes-vous abonné?

« 2° Quels ouvrages sur l'éducation avez-vous lus dans le courant de cette année ?

« 3° Quels livres sur l'éducation avez-vous achetés dans le courant de cette année?

« Sur 87 instituteurs auxquels ce questionnaire a été envoyé, 81 ont répondu. Il résulte de leurs réponses que 49 d'entre eux sont abonnés à un journal d'éducation, 21 à deux journaux, 6 à trois journaux, 3 à quatre journaux, tandis que 17 ne sont abonnés à aucun; 24 avaient lu un ouvrage sur l'éducation dans le courant de l'année, 19 deux ouvrages, 7 trois, 5 quatre, et 31 n'en avaient lu aucun ; enfin 24 avaient acheté un livre, 4 en avaient acheté deux, 1 trois, 1 quatre, et 56 n'en avaient acheté aucun.

« On voit que chez les instituteurs de Kansas City, le besoin de nourriture intellectuelle ne paraît pas se faire bien vivement sentir. Malheureusement, il en est de même dans plus d'une ville où la civilisation est moins récente que dans le Missouri ».

VIII.

Une enquête semblable peut être, un jour ou l'autre, provoquée dans notre France. Nous la désirons même.

Elle prouverait, nous aimons à le croire, que « le besoin d'une nourriture intellectuelle se fait sentir » dans les centres surtout où existent des bibliothèques pédagogiques. Là, point d'abonnements à prendre aux journaux scolaires, point de livres à payer, mais aussi des lecteurs intelligents qui savent profiter des richesses mises à leur disposition. Pendant plusieurs années, nous avons vu ce fait se produire et entraîner un mouvement pédagogique notable. Que les mêmes causes existent, les résultats seront les mêmes, car il y a chez les instituteurs un principe de vie intellectuelle qui ne demande qu'à se développer.

VII

Quelques œuvres scolaires. — Les Instituts des Etats-Unis.

Je voudrais, dans quelques-unes de ces pages, faire sortir un peu mes lecteurs de notre pays, de ses œuvres pédagogiques et de ses modes d'enseignement.

J'aime cependant la France; je les prie de le croire ; aussi, si je ne connaissais leurs sentiments patriotiques, je m'efforcerais de les y attacher plus que jamais. Car, quand on a eu le cœur brisé par ses revers, en la voyant monter à un degré d'influence que son recueillement, son calme, sa prudence ne peuvent que développer encore, on se dit : Il y a là une source incessante de vie que rien ne saurait tarir, et l'on se prend à l'aimer davantage encore.

En conviant mes lecteurs à porter leurs regards au delà des limites de notre patrie, je ne puis avoir qu'un but : les appeler à contempler et à étudier les progrès de l'instruction primaire partout où ils se produisent. Ces progrès, parmi nous, seront une de nos conquêtes, difficilement comprises dans l'emploi des moyens qui les préparent et qui les assurent. Ce n'est pas un motif pour se laisser prendre par le découragement. Il faut, au contraire, quand l'opposition se présente, recueillir, pour en supporter le choc, toutes ses forces, toutes ses espérances, et se dire, dans le calme d'une conscience qui cherche le bien : Je puis m'illusionner ; je puis me tromper sur la valeur de tel procédé, de telle œuvre, de telle association : voyons s'ils ont été expérimentés à l'étranger ; voyons comment les jugent les peuples et les maîtres qui ont la réputation pédagogique la mieux établie et la plus autorisée.

I.

Déjà, dans de certaines limites, nos maîtres ont fait cette étude. A la direction conseillée, elle a rallié *le plus grand nombre* d'entre eux. Je n'ose pas dire *tous*, car il y aura toujours, parmi nous, des fonctionnaires ayant peine à comprendre les conditions, pour l'enfance, du vrai progrès intellectuel et moral. N'importe ! le grand nombre, je le répète, est entré dans la voie progressive. Nous avons modifié, pour l'enseignement, les vieux procédés grammaticaux, géographiques et historiques ; nous commençons à nous inspirer de la méthode intuitive pour saisir et développer dans leur ordre les facultés de l'enfant : l'intelligence, le sens moral, la mémoire, etc.

Afin d'éveiller en lui l'esprit d'observation, des *Musées scolaires* ont été organisés dans beaucoup de classes. Il est devenu, comme nous le verrons plus tard, sous la direction de maîtres intelligents, le premier *chercheur* et *collecteur* des matériaux qui doivent y figurer pour animer l'enseignement. Il en est résulté des collections qui ont eu leur place, — une place d'honneur, — à l'Exposition universelle de 1878. Je me rappelle encore, et il faut conserver comme un éloge, un encouragement à mieux faire encore, les remarques qu'elles inspiraient alors :

« Les collections qui viennent du Calvados, de la
« Somme, de l'Aisne, du Nord, de la Franche-Comté, de
« la Vienne, etc., constituent un petit muséum; elles
« ont pour destination de donner des « leçons de
« choses », et c'est ce titre, qui est le leur, qui permet
« de rapprocher, sans qu'il en résulte de confusion, tant
« d'objets différents, comme des lainages et des bois in-
« digènes, si le pays est à la fois industriel et boisé.
« L'élève, mis de bonne heure en présence des « choses »,
« apprend à les connaître; il sait bientôt tout ce que ren-
« ferme le sol, tout ce que produit la terre ; les car-
« rières et les forêts lui livrent la matière première, et il
« en retrouve, à l'usine, les transformations indus-
« trielles. » (1)

N'est-ce pas le programme que s'étaient tracé des maîtres intelligents? Pour le remplir, ils avaient regardé ce que l'on fait, dans les pays étrangers, en faveur de l'enseignement *intuitif*. Ils l'ont compris et ils ont prouvé qu'ils savent réaliser une pensée féconde. Ils poursuivront cette étude, persuadés que, dans la voie du progrès, il n'y a pas de temps d'arrêt.

Ils connaissent un autre et puissant élément de succès : les *bibliothèques pédagogiques*.

Il en existe dans la plupart des départements. Les nombreux ouvrages et les journaux pédagogiques qu'elles renferment, portent, chaque jour, dans les classes, des connaissances professionnelles que de bons maîtres savent étendre pour le bien de l'enfance.

(1) Louis Liéven. *La France* 8 mai 1878.

II.

Il est une autre institution dont je voudrais exposer le fonctionnement aux Etats-Unis : les réunions d'instituteurs et d'institutrices, *Teachers institutes*. En parler, c'est encore regarder vers l'étranger. Mais qu'importe, s'il nous offre une part utile de sa lumière !

En Amérique, dit M. Buisson (1), la première idée des *Teachers institutes*, réunions d'instituteurs, remonte aux années 1839 et 1840. Elle appartient à Horace Mann (2), à quelques-uns de ses amis de la Nouvelle-Angleterre et à des citoyens de l'Etat de New-Yorck. Il s'agissait, dans leur pensée, d'abord de former « des maîtres capables par les écoles normales », puis « d'organiser des cours normaux temporaires et ambulants, destinés à atteindre les maîtres qui n'avaient pu ou qui ne pouvaient ressentir l'influence des écoles normales. »

Remarquez la préoccupation de ces hommes : placer près de l'enfance des maîtres assez forts pour travailler avec succès à son éducation.

En 1843, des cours furent organisés. Ils devaient durer deux semaines, en automne et au printemps. Les maîtres qui s'y rendirent reçurent chaque jour des leçons sur les meilleures méthodes d'éducation, et firent une étude critique des matières qu'ils enseignaient (3).

(1) *Rapport sur l'Instruction primaire* à l'Exposition universelle de Philadelphie, p. 509.

(2) Voy. Horace Mann, par M. Leroy-Beaulieu : *De l'importance de l'éducation dans une République*, conférence traduite par M. de Guer.

(3) Buisson. *Ibid.*, p. 569.

Si j'ai bon souvenir, des réunions du même genre, désignées sous le nom de *retraites d'instituteurs*, furent, vers 1841, organisées dans le Calvados par un homme éminent, Mgr Daniel, alors recteur de l'Académie de Caen. Elles duraient onze jours, et elles avaient lieu, pendant les vacances, à l'Ecole normale. Toutes les parties de l'enseignement étaient passées en revue. Une allocation départementale de 4,000 à 6,000 fr., si je ne me trompe, couvrait les frais de nourriture, les indemnités aux instituteurs pour déplacement et aux professeurs pour leurs leçons. Ces retraites, qu'il ne faut pas désespérer de voir renaître et recevoir une impulsion salutaire, tombèrent vers 1847.

Les Etats-Unis, qui regardent leurs *Institutes* « comme un des facteurs les meilleurs de leur système d'éducation (1), » ne se sont pas contentés de les conserver. Dans l'Etat de New-York, dans le Massachussets, le New-Jersey, le Maine, la Pensylvanie, l'Ohio, le Wisconsin, l'Indiana, le Michigan, l'Iowa, les hommes soucieux des progrès de l'Instruction primaire s'attachent sans cesse à les perfectionner. (2)

La durée de ces congrès scolaires varie : ici, deux semaines ; ailleurs, huit jours seulement. Pour couvrir les frais des réunions, des subsides sont votés. Dans l'Ohio, en 1875, on a dépensé 18,988 dollars (3). Il y avait eu 92 *Institutes*, qui avaient réuni 10,125 auditeurs (4). Dans la Pensylvanie, la dépense s'éleva à 19,151 dollars, dont 13,145 fournis par l'Etat. 67 *Institutes* avaient été

(1) Buisson. *Ibid.*, p. 570.
(2) *Ibid.*, p. 570-577.
(3) On sait que le dollar vaut 5 fr. 42 cent.
(4) Buisson, *Ibid.*, p. 573.

suivis par 944 *Teachers* et 2,060 membres honoraires (1).

Ces chiffres démontrent les développements qu'ont pris, en une seule année, dans deux Etats, les réunions d'instituteurs (2) et l'intérêt que l'on y attache.

Toutefois, elles ne sont pas, sur tous les points de l'Union, aussi richement dotées. En 1874, dans l'Indiana, la dépense fut supportée par le comité pour 50 dollars ; les auditeurs apportèrent le surplus. Leur nombre varia entre 100 et 200 (3). Ailleurs encore, dans le comté de Gallia, chaque membre verse un dollar par semaine (4). Ces taxes n'empêchent pas la plupart des Instituts d'être pleins de vie. Puissent-ils s'établir un jour en France et obtenir une dotation qui, si elle n'est pas égale à celle de l'Ohio et de la Pensylvanie, prouve du moins qu'on les regarde comme une œuvre sociale !

Nous avons dit le bien qu'ils sont appelés à produire dans les Etats-Unis. Laissons un député surintendant de la Pensylvanie nous exposer ce qu'il a vu dans vingt comtés :

« Aucune autre agence de l'Etat ne peut autant pour l'éducation qu'un *Institute* de comté bien conduit. Il

______

(1) Buisson. *Ibid.*, p. 572.

(2) Si l'on veut bien se rappeler les subventions accordées par le Conseil général du Calvados aux anciennes *retraites d'instituteurs*, on reconnaîtra qu'il se montrait, dans de certaines proportions, généreux comme on l'est aux Etats-Unis. On comprendra aussi que, si la pensée de rétablir ces retraites allait venir quelque jour, on pourrait la réaliser sans s'imposer des dépenses énormes.

(3) Buisson. *Ibid.*, p. 575.

(4) *Ibid.*

réunit sur un point, qui change chaque année, tous les maîtres, et constitue une sorte d'école normale ambulante qui répand ses leçons dans les diverses localités... Les *teachers* (instituteurs) ne sont pas les seules personnes qui en profitent, c'est encore un moyen d'éducation pour tout le pays. Les citoyens assistent en grand nombre aux séances, et, quand elles sont bien dirigées, ils en emportent des vues saines sur l'éducation, une juste idée de l'organisation des écoles publiques, dont ils deviennent les plus chauds défenseurs. Comme conséquence naturelle, le thermomètre scolaire monte d'année en année dans les localités où sont tenus les *institutes*. » (1)

Ainsi, sous l'influence de ces réunions, l'instruction professionnelle des maîtres se développe, les populations s'intéressent à l'école, et c'est dans leur sein qu'il faut chercher ses plus chauds défenseurs.

Pourquoi ne pas travailler à implanter parmi nous, avec quelques modifications peut-être, une institution qui assure ces résultats? N'avons-nous pas tous besoin d'acquérir des forces pour porter notre enseignement à une hauteur plus grande et plus féconde; besoin aussi d'éclairer et de rallier à la cause de l'instruction primaire des populations qui, n'en comprenant pas toute l'importance, lui refusent quelquefois le local le plus modeste et une classe à la proximité de l'enfance? Qu'elles s'organisent, ces institutions, et qu'elles hâtent l'apparition du jour où nos enfants n'auront plus à subir, pendant des kilomètres, l'intempérie des saisons pour trouver un maître, une leçon, la vie de l'intelligence et du cœur.

(1) Buisson. *Ibid*, p. 572.

Qu'elles nous donnent, s'il est | ʋʃble, l'école qu'un ministre de l'instruction publique demandait un jour pour chaque hameau (1). Qu'elles fortifient au sein des familles le sentiment du premier des devoirs : celui de l'éducation intellectuelle, morale et religieuse qu'elles doivent à des enfants trop souvent abandonnés aux égarements de l'ignorance.

A côté de cette influence vitale des *Institutes* sagement dirigés, sur les populations des Etats-Unis, il y a les sources de progrès qu'elles ouvrent pour les maîtres. Un commissaire de l'Ohio les montre en quelques mots.

« Beaucoup de bien, dit-il, peut être fait dans les *Ins-* « *titutes*, et beaucoup de bien y a été fait. » (2)

Il signale, toutefois, des obstacles qu'il faut connaître et que nous aurions peut-être à prévoir nous-mêmes. Les uns viennent du côté des maîtres, *teachers*. Tous, paraît-il, n'apportent pas à ces réunions le « désir de travailler « sérieusement à leur instruction personnelle ». Il s'en trouve qui, pendant toute une semaine, « restent assis « passivement, écoutant avec indifférence la parole d'un « conférencier. » (3)

Ai-je besoin de dire combien ce spectacle est triste pour un ami de l'instruction primaire et de ses développements ? Est-il certain que l'indifférence qui l'afflige parfois au sein des Etats-Unis, n'ait jamais été vue parmi nous, dans nos conférences plus modestes! De quel oubli du devoir elle témoigne partout! Mais espérons pour

(1) M. Bardoux, *Discours prononcé à la distribution des prix de la Sorbonne.*

(2) Buisson. *Ibid.*, p. 573.

(3) Buisson. *Ibid.*, p. 573.

l'avenir en la déférence de tous à la voix d'une conscience délicate, et passons.

Quelquefois les conférenciers eux-mêmes sont un obstacle. Il se trouve parmi eux des discoureurs sans aucune pratique de l'enseignement et de ses besoins : ils apportent des théories, ils rêvent des méthodes et des procédés inapplicables. Leurs programmes, sans valeur ni profit pour personne, écartent les maîtres intelligents, et les phrases qu'ils débitent « ne servent qu'à mettre de l'ar- « gent dans leur poche (1). Il arrive aussi que « des in- « térêts autres que ceux des écoles se font exposer et pa- « tronner dans ces réunions. » (2) Nouvelles causes d'insuccès. Écoutons un commissaire du Comité de *Gallia*, dans l'Ohio : « Notre Institut a presque complètement « échoué... les instructeurs compétents ont manqué. » (3)

Il faut signaler ces directions défectueuses, afin qu'elles ne compromettent pas le développement et la prospérité des réunions d'instituteurs, que nous aurons un jour, nous l'espérons. Et que devrons-nous y porter toujours ?

Jamais des questions étrangères à l'enseignement. Les passions y entrent trop souvent ; elle agitent et elles divisent les esprits. Or, le but de nos réunions ne doit-il pas être de former de tous les instituteurs un grand corps, uni par les liens d'une franche et loyale fraternité ?

Que faire donc ? Conserver à ces réunions un caractère exclusivement pédagogique ; « exposer les modes « d'enseignement que réclame chaque partie du pro- « gramme scolaire ; discuter les principes d'éducation

(1) Buisson. *Ibid.*, p. 573.
(2) *Ibid.*, p. 572.
(3) *Ibid.*, p. 574.

« applicables à la direction des écoles (1) ; étendre et perfectionner sans cesse l'instruction professionnelle des maîtres. Ajoutez des lectures intéressantes faites par les *Teachers* eux-mêmes (2), des résumés de leurs observations dans la classe, des besoins de leurs écoles, et la critique raisonnée des ouvrages pédagogiques qu'ils ont médités.

Tels sont les exercices dont les hommes les plus autorisés entendent faire l'âme des Instituts américains. Et que veulent-il obtenir par là ? Eloigner ou du moins transformer les catégories de maîtres que voici :

1° Le *Teacher* discoureur, verbeux, sans plan ni système ; 2° le *Teacher* mécanique qui interroge d'après un livre et attend une réponse imprimée, faisant des élèves de pures machines ; 3° le *Teacher* temporaire, qui prend cette position tout en étudiant pour une autre carrière ; 4° le *Teacher* peu instruit, incapable de transmettre clairement ce qu'il sait ; 5° le *Teacher* trop savant qui se tient toujours au-dessus de ses élèves (3). »

La critique, on le voit, est vive, mordante ; elle emporte la pièce. Elle montre une plaie profonde, dont l'enfance est la victime. Si ces *Teachers* se trouvent ailleurs qu'en Amérique, ne semble-t-il pas qu'il est urgent, je ne dis pas de les éloigner, mais de les transformer, afin qu'ils n'arrêtent pas dans leurs développements les intelligences et les cœurs qui leur sont confiés ? Ne semble-t-il pas que la conscience des hommes préposés

(1) Buisson, *ibid.*, p. 576.
(2) Buisson, *ibid.*. p. 572.
(3) Hunter, *Rapport de 1875, cité de New-York*, p. 353.

à la direction de l'enseignement ne peut être tranquille, quand ils voient l'enfance entre des mains aussi inhabiles? Et ne leur fait-elle pas un devoir énergique de chercher sans cesse, comme en Amérique, « des « *Teachers* consciencieux, zélés, aptes à leurs fonctions, « qui travaillent sur un plan conçu et obtiennent les « résultats les meilleurs. » (1)

Voilà les maîtres qu'il faut partout. Ils ne sont pas seulement les esclaves du devoir, mais les vrais amis de l'enfance. Ils n'entrent pas seulement dans leur classe avec une conscience qui a le sentiment de ses responsabilités, mais l'âme pleine de trésors intellectuels et moraux qu'ils travaillent sans cesse à augmenter, afin de pouvoir faire couler, dans les jeunes natures, plus de lumière, plus de force et plus de vie.

Ils savent qu'il faut aller puiser ces trésors dans les livres qu'une longue expérience a consacrés, et dans les *Journaux pédagogiques*, qui nous apportent, chaque jour, un écho des essais les meilleurs du monde enseignant. Aussi trouvons-nous en eux les membres les plus zélés de nos *Bibliothèques pédagogiques*, des appréciateurs éclairés de leur importance, et de vrais amis du progrès, qui en veulent, par elles, les développements.

Aurons-nous jamais pour eux, comme les Etats-Unis, des réunions d'une semaine ? Je l'espère. L'Autorité supérieure n'a-t elle pas, à l'époque de nos grandes Expositions scolaires, réuni à la Sorbonne un nombre considérable d'Instituteurs et d'Institutrices? N'avons-nous pas eu à Paris le Congrès pédagogique de 1881 ?

(1) Hunter, *ibid*, p. 353.

En attendant que cette institution se généralise, nos bons maîtres, je l'espère, s'attacheront aussi fortement à nos *Conférences pédagogiques*, car de la mise en commun de nos idées, de nos sentiments, de nos aspirations, sort je ne sais quel souffle vivifiant qui fait que l'on se sent plus fort, plus porté à se dévouer.

Quant aux maîtres si vivement critiqués par l'Amérique, nous ne voulons, s'il s'en trouve parmi nous, ni les décourager ni les éloigner ; nous aimons mieux leur tendre une main amie et leur dire : Soyez toujours des nôtres ; en vous ralliant franchement à nos institutions, prouvez que vous voulez monter à la hauteur de vos devoirs.

VIII

Les Musées pédagogiques et les Musées scolaires.

I.

Un ministre de l'instruction publique, M. Bardoux, disait en 1878 :

« De toutes parts, on demande à l'Administration, aux architectes, aux sociétés d'instruction, aux publications étrangères même, les plans d'école, les types de matériel, les appareils d'enseignement les mieux entendus, tous les moyens enfin d'employer le plus fructueusement possible les sommes considérables que le pays consacre à ses écoles. »

Il n'est pas une âme généreuse, intelligemment amie du progrès intellectuel et moral de l'enfance, qui n'ait alors donné à ce mouvement toutes ses sympathies.

Pour l'éclairer et le diriger, et afin de répondre aux aspirations « d'un public avide de renseignements précis », M. le Ministre de l'instruction publique se proposa de créer un *Musée national de l'enseignement primaire.*

Ce Musée devait comprendre trois parties : 1° Une exposition permanente, méthodiquement classée, de tout ce qui intéresse l'installation matérielle des écoles;

— 2° Une statistique comparée de l'instruction populaire dans les différents pays ; — 3° Une bibliothèque pédagogique française et étrangère. A cette dernière division se rattachaient tous les renseignements qui ont trait à la situation des écoles, à leur développement numérique, à leur valeur, à leurs résultats intellectuels et moraux, à l'histoire complète enfin de notre instruction primaire dans le passé et dans le présent.

Enoncer ce programme, c'est en faire comprendre l'importance ; c'est signaler une des causes qui doivent contribuer puissamment, parmi nous, au progrès de l'instruction primaire.

II.

L'idée émise par M. Bardoux ne pouvait être abandonnée. Elle a été reprise, ou plutôt poursuivie. Le *Musée pédagogique* et une *Bibliothèque centrale* sont maintenant organisés. Ils ont leur Conseil d'administration et leur règlement intérieur. Indiquons quelques-uns des points discutés et adoptés dans une séance du 11 juillet 1881.

Article premier. — Le Musée pédagogique constitue un centre d'informations sur l'enseignement primaire tant en France qu'à l'étranger.

Il comprend, en outre, une exposition permanente de tous les objets servant à l'éducation.

Art. 2. — Il est divisé en 4 sections :

1° *Matériel scolaire* (plans de maisons d'école, types de mobiliers de classe);

2° *Appareils d'enseignement* (tableaux, modèles, collections géographiques, scientifiques et technologiques);

3° *Bibliothèque centrale* (livres pour les maîtres,

livres pour les élèves, bibliothèques scolaires, bibliothèques populaires) (1);

4° *Documents relatifs à l'histoire de l'éducation.*

. . . .

. . . .

ART. 4. — Les collections du Musée sont formées :

1° Par les dons des auteurs, éditeurs ou fabricants, sauf l'agrément du Conseil d'administration ;

2° Par les envois du Ministère de l'instruction publique et des autres départements ministériels et par les envois des administrations scolaires de l'étranger ;

3° Par les acquisitions que le Conseil d'administration aura reconnues utiles.

Ces prescriptions indiquent nettement et l'objet du Musée et son mode de formation. Nous reviendrons sur ces deux points. Attachons-nous pour le moment à jeter un coup d'œil sur la composition et le fonctionnement des *Musées pédagogiques* à l'étranger.

· III.

1° A l'Angleterre l'honneur d'avoir fondé le premier *Musée pédagogique.* C'était en 1851, à la suite de l'Exposition universelle. Cette grande exhibition lui avait révélé son infériorité en ce qui concernait l'enseignement industriel. Le *South-Kensington Museum* fut créé; il devint bientôt un véritable dépôt de modèles pour servir

(1) Une bibliothèque *circulante* a été annexée au Musée pédagogique de Paris, en vue d'aider à la préparation des candidats au professorat dans les écoles normales d'instituteurs et d'institutrices, a l'inspection de l'enseignement primaire et à celle des écoles maternelles. Voy. *Bulletin administratif du ministère de l'Instruction publique,* 7 janvier 1882.

à l'enseignement des arts dans leur application à l'industrie. En 1854, la *Société des arts* étendit ce programme et forma une collection destinée à l'enseignement en général. L'idée paraissant utile et féconde, le musée de Kensington ouvrit une section de l'éducation ; les dons affluèrent ; on fonda une *Bibliothèque pédagogique*, qui compte aujourd'hui plus de 20,000 volumes, avec des milliers de spécimens de mobiliers et appareils scolaires.

2° L'idée anglaise fut bientôt dépassée dans une des colonies de la métropole, le Canada. — A Toronto, capitale de la province d'Ontario, existe, en effet, un vrai *musée d'éducation.* Il comprend deux sections : dans l'une, qui est un vrai magasin scolaire, se trouvent, à prix réduit, toutes les fournitures classiques : livres, cahiers, cartes à l'usage des élèves, matériel, images et objets pour leçons de choses. Ajoutons des plans pour constructions de maisons d'école. L'autre section met à la disposition des maîtres les principales revues pédagogiques de tous les pays, des collections de livres, de cartes, d'appareils scientifiques et de photographies propres à faciliter l'enseignement. Les éditeurs ne manquent pas d'y envoyer leurs publications les meilleures, certains qu'ils sont de trouver là des juges compétents qui les signalent à l'attention publique.

Que d'idées réalisées et dont il faut profiter !

3° La Russie nous en présente d'autres, et de la plus haute importance. Elle a son *Musée*, avec un comité permanent, dont la mission est de dresser un inventaire perpétuel et raisonné des richesses scolaires du monde entier. Il a son programme : 1° rechercher ce que les divers pays offrent de meilleur en fait d'installation matérielle et d'organisation pédagogique des écoles ; 2° signaler parmi les objets si multiples qui servent à l'enseignement ceux qui méritent d'être introduits ou imités ; 3° aider à les obtenir à des prix réduits, et à propager, par des traductions, toutes les idées jugées bonnes.

Il s'est ainsi formé plusieurs centaines de collections pour l'enseignement mathématique et pour la physique, pour l'histoire naturelle et pour la cosmographie, pour la géographie et l'ethnographie, etc. Et comment ne pas mentionner les types de mobilier scolaire adoptés dans les divers pays ; — une section d'hygiène avec ses applications aux écoles ; — une bibliothèque de 12,000 volumes, une centaine, et plus, de publications périodiques ? Qui n'envierait ces richesses scolaires et cette marche progressive d'une contrée qui passe pour immobile ? (1)

On trouvera le même élan en Italie, en Autriche, en Allemagne, aux Etats-Unis, à Amsterdam, à Bruxelles.

La France n'a pas marché aussi vite dans cette voie. Cependant l'utilité des *Musées pédagogiques* était, depuis longtemps, démontrée. Des instructions ministérielles en ont arrêté l'organisation ; des essais ont été tentés, mais l'on s'est arrêté. Aujourd'hui le projet est repris avec vigueur ; il ne peut manquer de se réaliser.

Il faut voir la description du mouvement qui s'est produit et de ses formes diverses à l'étranger, dans un travail intéressant que nous a donné un de nos *Journaux pédagogiques*. (2)

Ne soyez pas surpris si je reviens sur ces publications

---

(1) Voy. Hippeau, *De l'instruction publique en Russie*, p. 52, 64.

(2) Voy. F. B., projet d'établissement d'un musée pédagogique.

scolaires : *Manuel général de l'Instruction primaire ; — Journal des Instituteurs ; — Revue pédagogique; — Éducation, etc.* C'est là que sont exposées les idées les meilleures en fait d'enseignement ; c'est là que nous pouvons nous fortifier, en les étudiant, dans l'accomplissement de nos devoirs. Aussi nos bibliothèques doivent-elles assurer à ces Recueils la place la première. La lui donner, augmenter le plus possible nos collections de livres, méditer ces ouvrages et préparer ainsi, pour nos *conférences*, des travaux personnels, ce sera entrer déjà dans cette voie de progrès que les *Musées pédagogiques* ont faite si large à l'étranger.

Nous ne pouvons avoir la pensée d'organiser des musées de ce genre dans chacune de nos écoles. Il n'appartient qu'à de grandes villes de leur donner les développements dont profiterait tout un département. Elles ont déjà, pour la plupart, une bibliothèque, un musée, des collections d'histoire naturelle renfermant des trésors. Quelle bonne fortune pour l'instruction primaire si les hommes intelligents qui administrent ces villes croyaient devoir, quelque jour, annexer à ces richesses un grand *Musée pédagogique !* Il répondrait heureusement à un besoin qui se fait partout sentir.

IV.

« Ce qui manque le plus au zèle évident de la grande majorité de nos instituteurs, a dit un maître fort autorisé, ce sont des centres d'information et de renseignements sur les choses de leur profession; c'est cet echange, en quelque sorte permanent, de sentiments et

8.

d'idées souvent plus avantageux pour le progrès de l'esprit et pour la bonne confraternité que les livres les mieux faits, les bibliothèques les mieux fournies. Moins isolés, plus rapprochés les uns des autres en même temps que de leurs chefs hiérarchiques, ils seront moins exposés à prendre pour des errements nouveaux, des voies déjà largement tracées, à croire qu'ils inventent là où ils ne font que retrouver et reproduire inconsciemment; ils s'éprendront moins aussi de systèmes, de soi-disant méthodes, de procédés, d'appareils qui leur sont donnés comme réalisant le dernier mot de la science pédagogique, quand ils ne consistent le plus souvent qu'en un ensemble de pauvretés condamnées par l'expérience, et dont tout le mérite apparent n'est que pur charlatanisme. Edifiés par leurs collègues plus compétents, facilement éclairés par l'Administration elle-même, ils s'éviteront des labeurs inutiles, des dépenses souvent considérables de temps et d'argent, des déceptions de toutes sortes, souvent préjudiciables à leur bien-être et à leur repos, pour vouloir grossir de productions d'un à-propos au moins douteux le formidable amas de méthodes de lecture et d'écriture, d'appareils mécaniques et autres destinés à l'enseignement du calcul, des ouvrages didactiques sur toutes les matières du programme, etc., etc. Leurs loisirs mieux employés, leurs forces physiques et intellectuelles mieux dirigées se porteront sur l'application dans leurs classes des méthodes dûment autorisées par l'opinion publique. (1)

De ces remarques parfaitement justes, M. Defodon conclut la nécessité de propager partout « l'institution si éminemment utile » des *Conférences pédagogiques*. Elles sont maintenant organisées dans chaque département. Un

(1) Ch. Defodon, l'*Instruction primaire à l'Exposition universelle de 1878.*

bien réel se produit. Ne sera-t-il pas plus grand encore, lorsqu'au chef-lieu existera un grand *Musée pédagogique,* ouvert à tous les membres du corps enseignant? Dans les *Conférences,* les instituteurs pourront être « édifiés par leurs collègues les plus compétents, éclairés par l'administration elle-même. » Dans le *Musée,* ils trouveront les appareils scolaires les meilleurs, les méthodes de lecture, d'écriture, etc., les plus autorisées, les ouvrages des maîtres en pédagogie, les collections de tout genre qui enrichissent les musées de l'Angleterre, de la Russie, du Canada, etc. Il y aura là pour eux un enseignement incessant, un centre d'informations et d'études qu'ils ne pourraient rencontrer ailleurs. Des horizons nouveaux s'ouvriront devant eux; leur direction deviendra plus ferme et plus sûre. Une science pédagogique plus large entrant dans leurs classes, le progrès scolaire s'accentuera.

Quant à l'objet et au mode de formation de ces musées, nous les avons indiqués plus haut. Quel chef-lieu de département, ami du progrès scolaire, ne peut suivre la voie tracée ?

V.

Il nous faut aussi des *Musées scolaires.* Ce qu'ils doivent être, nous l'avons exposé ailleurs (1). Cependant quelques remarques encore :

Que l'on intéresse les enfants à la formation de ces Musées; qu'ils deviennent leur œuvre. Dans ce but, on

_____

(1) *Leçons élémentaires de Pédagogie pratique,* p. 243-252, 5e édit.

parcourt avec eux le milieu dans lequel ils vivent. On étudie la nature du sol qui les porte et ses richesses minérales : houille, calcaires, gra... ..., argiles, etc. Des échantillons sont recueillis. On l. montre dans leurs transformations.

S'agit-il, par exemple, de l'argile ? Les enfants sont conduits près de quelques poteries ou tuileries. Ils ont là, sous les yeux, la matière brute, puis passée au tamis ou au filtre, rendue en bouillie et trempée pour le travail de la machine. Viennent alors les transformations que subit l'argile pour devenir des tuiles faîtières ou des briques creuses, des tuyaux de drainage, des lave-pieds et des moques, des pots à fleur ou à margotte, peints au vermillon ou au jaune de chrôme blanc, vert, etc., etc. C'est tout un côté de la vie laborieuse des populations qui est là et, pour attacher les enfants aux travaux de leurs pères, on expose ce qu'ils jettent de ressources dans le pays. Ils avaient pour leur *Musée* un échantillon de la matière brute ; ils rentreront en classe avec quelques miniatures des produits qu'ils viennent d'étudier dans leur mode de fabrication.

Mais la vie n'est pas là. Viennent les graines et les semences que les enfants voient chaque jour entre nos mains, et qu'il faut leur apprendre à reconnaître. Auxquelles devons-nous les plantes potagères et fourragères, oléagineuses et textiles ? Auxquelles les céréales : blé, orge, avoine, sarrazin ? — Et nos bois utiles, le chêne, l'orme, l'érable, le pommier, le cytise, etc., d'où et comment viennent-ils ? Qu'ils entrent dans le Musée avec leur écorce et des coupes bien conduites qui exposent l'essence de l'arbre, ses couches successives, ses veines, etc. Et l'emploi que l'on en fait? Mais, depuis la ratière, l'attelle de nos harnais, le cercle de nos tonneaux jusqu'aux plaques vernies les plus fines, préparées pour l'ébénisterie, tout peut être là et occuper un espace fort restreint.

Je ferais aussi, dans le *Musée scolaire*, une place à nos grandes industries. Elles se déploient un peu partout, mais surtout dans les centres populeux, aux environs des villes, sur le bord de nos cours d'eau. La matière première serait toujours là, et les enfants pourraient suivre toutes les transformations que subissent le chanvre ou le lin, la peau de nos bœufs ou la laine en suint de nos moutons pour devenir une fine toile ou un torchon, la semelle de nos souliers ou la tigelle des bottines des dames, la peluche, couleur écarlate, ou le drap cuir-laine.

Je n'oublierais ni le papier dont se servent nos enfants, ni les rubans qui ornent les bonnets de nos petites filles. J'essaierais de les faire assister à la fabrication de ces produits et de les introduire dans des filatures de laine et d'effiloches. Toujours au premier plan, la matière première, et, si l'on voulait du papier, les chiffons, les pailles et les cordages que l'on tire et que l'on classe, que l'on débarrasse des matières impropres à la fabrication, pour les livrer ensuite aux broyeuses et aux raffineuses, les coller et les jeter en cuve, etc. De tout encore un échantillon pour le Musée.

Peut-être aussi les enfants auraient-ils quelque jour la fantaisie, fort désirable, de savoir ce que fait l'industrie des parties des animaux domestiques, bœufs, cheval, porc, mouton, etc., qui n'entrent pas dans l'alimentation. Rien de plus facile que de les satisfaire. Une des vitrines du *Musée* leur apprendrait que l'on emploie le sang du bœuf pour clarifier le sucre, — son fiel pour enlever aux tissus les taches de graisse ou donner du ton, du brillant, de la vivacité aux couleurs des enlumineurs, — ses intestins dégraissés pour faire des cordes à boyau, — la croupe du cheval ou de l'âne pour fabriquer le chagrin, — la peau de mouton ou de chèvre pour préparer au commerce du maroquin, de la basane, etc., etc. Ne serait-ce pas là une vitrine intéressante ?

VI.

Mais, je le comprends, des maîtres pourraient, et ils devraient peut-être mettre plus d'ordre dans leur Musée. Qui les empêcherait de réunir des échantillons correspondant aux quatre catégories suivantes : *habitation, vêtement, alimentation, objets divers* ? Un *Musée scolaire* composé d'après ce plan, pour les enfants de l'école annexe de la Somme, avait été présenté à l'Exposition universelle de 1878. Il mérita de fixer l'attention (1). Pourquoi ne pas s'emparer de cette idée et essayer de la réaliser dans les conditions les meilleures ?

VII.

Quoi qu'il en soit de l'ordre suivi, je vois, dans ces *Musées*, un double avantage.

1° Ils attacheraient l'enfance aux industries dont on

(1) Ch. Defodon, *l'Instruction primaire à l'Exposition universelle de 1878.*

leur apprendrait de bonne heure tous les secrets. Le faire, n'est-ce pas un devoir? Elles donnent aujourd'hui du pain et du bien-être à ses pères; — demain, elles la feront vivre elle-même. On ne pourra donc que dire merci aux maîtres d'intelligence et de cœur qui ouvriront l'école à ces idées, qui donneront aux enfants d'autres livres que ceux qui leur parlaient du Sahara et des grands lacs de l'Amérique, et qui emploieront leurs forces à propager des notions utiles, l'amour du pays et la connaissance de ses ressources infinies.

2° Ces Musées seraient aussi pour nos classes un riche et précieux ornement.

Cette question de l'ornementation scolaire est, ce nous semble, à étudier.

IX

L'ornementation des classes.

I.

Nous avons pour mission de développer dans nos classes, par l'instruction et l'éducation, la vie intellectuelle et morale des enfants. Ils viennent à nous avec une vie toute naturelle; il faut l'étendre, en y ajoutant celle de l'esprit et du cœur.

Rien n'est indifférent dans l'œuvre que nous avons à poursuivre pour arriver à ce but. Un milieu dans lequel l'air serait malsain détruirait les organes. Si nous voulons soustraire les enfants aux principes morbides qu'il peut renfermer, faisons un appel incessant aux sentiments si justement intéressés de la paternité; on nous livrera des locaux où l'enfance respirera librement, au sein d'une atmosphère pure et fortifiante.

D'un autre côté, si nos classes n'offrent à ses regards que des murs sales et dénudés, il n'y aura pour elle ni jet de lumière, ni source de chaleur. Le maître parlera, mais les murs seront sans écho pour redire son enseignement. Rien ne portant sa parole à l'esprit et au cœur de l'enfant, elle se perdra sans résultats féconds; rien ne provoquant et ne soutenant l'attention, l'ennui naîtra bientôt et la réflexion ne s'éveillera pas.

Dissimulons habilement les murs de nos classes sous des images qui joignent leurs voix à la nôtre pour parler à nos élèves. Animons-les par une ornementation combinée avec intelligence, et l'enseignement sera comme incessant. Dans les bonnes terres, le cultivateur ne laisse pas un seul point inoccupé. Pour chacun d'eux, il sait choisir une semence spéciale, qui doit produire une moisson abondante. Considérons notre classe comme le sol le plus fécond qui se puisse concevoir, nous voudrons déposer partout un principe de vie. De quelque côté que se dirigent les regards, ils trouveront alors des tableaux de lecture, du système métrique et d'histoire de France ; quelquefois la figure de personnages illustres, une peinture rappelant des faits importants, les cartes géographiques de la commune, du canton, du département, les spécimens des produits agricoles et industriels, des maximes morales bien choisies : tout rendra plus saisissant l'enseignement du maître et le continuera, lors même qu'il aura cessé de parler.

Il y a aujourd'hui peu de départements où ne se trouvent des écoles que l'on puisse, à ce point de vue, présenter comme des modèles. Visitons-les. Il ne nous échappera pas comment des maîtres soucieux des progrès de leurs élèves, et secondés par une administration intelligente, peuvent transformer leurs locaux en de vrais musées scolaires. Prompts à les imiter, vous provoquerez, comme eux, des dons, et partout nos écoles s'enrichiront d'un mobilier scolaire répondant aux exigences de l'enseignement.

II.

Qu'il me soit permis d'engager mes lecteurs à parcourir par la pensée une salle spacieuse qui fut un jour ouverte à un grand nombre d'instituteurs et d'institutrices. En les y introduisant, le décorateur — puisse ce mot ne paraître pas trop ambitieux ! — leur dit :

« Lorsqu'on reçoit des hôtes, on doit chercher à leur préparer un milieu digne d'eux, digne de la mission qu'ils ont à remplir. J'ai essayé de pressentir vos goûts, et il m'a semblé qu'il vous serait agréable de vous trouver dans un courant qui porterait vos pensées et vos sentiments vers l'objet ordinaire de vos préoccupations : l'enseignement primaire et les moyens de le rendre plus intéressant et plus utile. Voilà pourquoi j'ai fait orner cette salle. Tout ce travail, je dois le dire, est à votre intention et à celle de nos enfants. »

Vinrent ensuite quelques remarques sur la méthode qui doit présider à la disposition de tout mobilier scolaire. Outre qu'une symétrie aussi complète que possible est favorable à la compréhension des matières à enseigner, elle donne aux enfants l'exemple de l'ordre. *Chaque chose à sa place*, jamais ce précepte ne doit être oublié.

III.

Alors commença la revue des objets qui tapissaient les murs de la salle.

D'abord le relief Muret. Qui le connaît comprendra

qu'il occupât la première place. En effet, cette concep-
tion sert on ne peut mieux pour donner aux petits enfants l'idée de la surface du globe avec tous ses accidents
géographiques : rades, golfes, caps, lacs, fleuves, îles,
plaines, collines, etc.; pour leur faire toucher du doigt
les formes et l'élévation des diverses montagnes; l'en-
chevêtrement de nos routes et de nos chemins de fer,
leurs tunnels et leurs viaducs, etc. A l'école même,
l'enfant peut entreprendre un voyage des plus instructifs
dans le pays imaginaire si ingénieusement commenté
par M. Muret.

A ce relief joignez les promenades de M. E. Lottin, et
voilà que, d'un coup-d'œil, cet enfant saisit les principaux accidents géographiques du sol français.

Quiconque poursuit comme un progrès l'introduction,
dans les écoles, de l'enseignement par les yeux, doit ouvrir sa classe à l'appareil de Muret.

IV.

Au-dessus de ce relief étaient disposés des échantillons
des produits minéraux. Le but était de faire pénétrer,
par la pensée, l'enfant dans le sein de la terre, dont il
venait de contempler la surface, et de lui montrer quelques-unes de ses richesses, avec le travail de l'industrie
qui les extrait et les transforme.

Tout près de ces produits, des collections de plantes
et d'êtres en possession de la vie : oiseaux, animaux domestiques, insectes, rongeurs, au milieu desquels s'écoule
l'existence de l'homme. Ici donc la nature animée et
toutes ses merveilles.

Ces collections étaient faites par les maîtres et les

élèves de quelques écoles où commençait à pénétrer l'esprit d'observation. Est-il nécessaire de dire que nous trouvons là une direction à suivre et propre à répandre dans nos classes des habitudes d'observation? On a trop longtemps laissé les enfants passer inattentifs au milieu des êtres qui les environnent, sans se demander ce qu'ils sont, s'il y a en eux des protecteurs ou des ennemis du travail de l'homme. Qu'ils s'habituent de bonne heure à regarder autour d'eux et à se rendre compte de ce qu'ils voient.

Nous lisons dans l'histoire d'un enfant :

« A l'âge où l'on commence à fréquenter l'école, le petit Agassiz allait au gymnase de Bienne. Dans ses promenades, dans ses courses de la ville à la maison paternelle, il recueillait des insectes. Personnalité brillante de la science, Agassiz, célèbre en Europe dès sa jeunesse, est devenu en Amérique à la fois illustre et populaire. »

Il ne s'agit pas, bien entendu, de chercher à faire naître, dans les écoles, des vocations comme celle d'Agassiz. Qu'elles se manifestent, on en sera tout fier ; mais, en les attendant, pourquoi ne pas habituer les enfants à observer? Comme les récréations et les promenades seraient alors saines pour leur âge ! Et puis, ne finiraient-ils pas par s'attacher aux oiseaux, nos protecteurs, que l'on détruit dans leur germe, au grand détriment de l'agriculture?

Les collections conseillées n'auront d'abord, comme celles dont nous avons parlé, rien de complet. Peu à peu elles se développeront, et elles permettront aux élèves de rapprocher de l'étude de la configuration du sol, celle des productions naturelles qui en couvrent la surface. L'enseignement cessera d'être quelque chose d'isolé et d'abstrait. Dès le début, il placera l'enfant en présence de la nature, pour éveiller en lui l'esprit d'observation, si négligé dans les classes où l'on ne sait cultiver que la mémoire.

V.

Près de ces collections se plaçaient, dans notre salle, la carte de la commune, celle du canton, du département, de la France, de l'Europe, etc.

Comme spécimens, des cartes exécutées avec un soin particulier, surtout celles de la France, par Levasseur et par Erhard, avaient été choisies. Elles étaient accompagnées des reliefs de la France par Kleinhans et Périgot, de l'Aisne, des Alpes françaises, des Vosges et du Jura.

C'est sur des publications de ce genre, non sur de simples figures planes, comme on en voit trop, qu'il faut arrêter les regards de l'enfance, quand on veut lui donner une idée claire des grandes masses orographiques du sol français, de ses vallées et de ses plaines, de la conformation des bassins, du cours des fleuves. A quelque endroit de la classe qu'il se place, l'élève aura toujours sous les yeux l'aspect de la France, telle qu'elle est. On ne peut trop recommander ces cartes, ces reliefs, et les globes de Levasseur et autres.

Bien que le prix d'achat des ces divers objets ne soit pas très élevé, si des ressources suffisantes manquent en ce moment pour se les procurer, que l'on attende, pour le faire, qu'on les ait réalisées ; mais que l'on ne jette pas dans les classes des cartes sans valeur géographique. Au moins peut-on acheter celles des divers arrondissements de la France, dressées d'après l'état-major et qui ne coûtent qu'un franc.

Après la géographie, l'histoire, et celle de France d'abord. Les faits principaux de nos annales sont là, avec les personnages qui les ont dirigés ou qui s'y sont trouvés mêlés, leurs traits les plus caractéristiques et le costume de l'époque. Un de ces tableaux à la main, quel maître, après une préparation sérieuse, ne pourrait faire à ses élèves une leçon orale des plus intéressantes !

Je ne dois pas oublier d'autres gravures représentant les grands hommes de la France. Ils avaient été classés par siècle. Comment les enfants n'apprendraient-ils pas, d'après ces tableaux, à admirer les illustrations de leur pays, à aimer et à vénérer leur patrie, en même temps qu'à la connaître ? Que de souvenirs à rattacher aux noms que rappellent ces figures ! Que d'exemples souvent de patriotisme et des vertus les plus pures !

VI.

Dans cette galerie, l'Histoire Sainte devait avoir aussi sa place. On y remarquait donc les tableaux de l'ancien et du nouveau Testament, une autre collection de tableaux, contenant l'histoire complète du Nouveau Testament, d'après les grands maîtres.

Il y a, dans la plupart de ces derniers, une très heureuse décoration qui, tout en donnant aux enfants des notions historiques précises, épure leur goût et les familiarise avec les conceptions les plus belles de l'esprit humain et les noms de peintres les plus illustres.

Quelle pureté et quelle régularité dans les lignes! quel calme et quelle sérénité sur les figures! Est-il rien de beau, rien de touchant comme les gravures qui représentent la naissance du Sauveur; l'intérieur de la Sainte-Famille! N'est-ce pas en présence de ces scènes qu'il faut placer l'enfant pour lui faire goûter les joies du berceau, et celles non moins grandes d'une famille vertueuse qui s'affectionne et fait son bonheur de celui de chacun de ses membres? Rien qu'à voir ces figures si candides et si vivantes, on éprouve le besoin de devenir bon soi-même pour vivre de leur vie pure et toute du Ciel. Et le tableau du Sauveur bénissant les enfants! Mais voyez donc comme ces petits êtres sont heureux à ses pieds; comme ils se sentent aimés, comme la bénédiction qui descend sur eux, si douce, si abondante, les vivifie et va chercher en quelque sorte leur existence pour la confondre avec celle du Sauveur! On s'arrête devant chaque gravure, et plus on la médite, plus on entend de voix qui apportent de saintes pensées. Tout cela parle, c'est l'enseignement moral, le plus haut, le plus riche, qui entre par les yeux pour élever les âmes.

Et quels tableaux que ceux de la Présentation de Marie au Temple! Comme cette enfant paraît rayonnante de calme et d'innocence! Vous voulez la Vierge dans toute la majesté de la résignation, voyez-la sur la route de l'exil, avec saint Joseph, ou bien sur le chemin du Calvaire, au pied de la croix. Est-ce l'effusion contenue de la tendresse maternelle que vous cherchez? Voilà Marie retrouvant son enfant au milieu des docteurs.

On s'attache, sans le vouloir, à contempler ces scènes.
On sent qu'il y a là un enseignement pour toutes les phases de l'existence, soit que la joie les illumine ou que
l'épreuve les brise ; là, un regard de reconnaissance qui
monte vers le ciel ; ici, une espérance et une consolation,
partout le spectacle de la beauté de l'âme qui vit avec
Dieu.

Quelles leçons ! L'image parle ; le rôle du maître se
borne presque à la placer sous les regards de l'enfance.
Elle la contemple ; elle reste là, tout émue ; et, quand
elle se retire, son cœur est riche des sentiments les
meilleurs.

Et puis, quels noms au bas de ces tableaux ! Carle
Van Loo, Carolo Dolci, Raphaël, Rubens, Nicolas Poussin,
etc. Comment ne pas faire une place, dans nos classes,
à une reproduction de leurs œuvres ! Comment ne pas
laisser ces maîtres incomparables parler à l'enfance, et
mettre en son esprit et en son cœur une pensée, un
sentiment ?

VII.

Il fallait aussi préparer les voies à l'enseignement scientifique. Quel meilleur guide que les tableaux d'histoire
naturelle, par Deyrolle, appendus aux murs ? Ne
convient-ils pas eux-mêmes l'enfance à l'étude de la
nature, ce livre si utile, si éloquent, écrit par le Créateur
lui-même ?

Plus bas, le boulier-numérateur et compteur, le com-
pendium et ses lettres mobiles qui épargnent aux plus
jeunes enfants tant d'ennuis et ouvrent promptement

leur intelligence à un ordre d'idées nouveau pour eux. Puis, sur une table, des solides de tout genre, représentant des figures géométriques. En France, on les néglige trop. Il n'en est pas de même à l'étranger. « L'instruction la plus élémentaire, dit un auteur anglais, devrait comprendre des leçons sur la forme des objets, les lignes, les surfaces planes, les solides, etc. Afin de rendre les explications plus nettes, il serait bon que toutes les classes possédassent des modèles de ces solides les plus ordinaires... Et il importerait de donner aux enfants ces leçons le jour même où ils entrent à l'école... On aurait soin d'exiger d'eux le dessin des différents objets qu'ils auraient examinés... Pour le faire, il n'est besoin que d'une ardoise et d'un crayon (1) ». Ainsi l'on entend en Angleterre l'éducation de la vue. Nous connaissons des maîtres qui, parmi nous, ne la comprennent pas autrement. Le progrès répond à leur direction intelligente.

Et voilà comment avait été décorée la salle dont nous parlons au commencement de ce chapitre. Des instituteurs et des institutrices se trouvent bien de leurs efforts pour reproduire, dans leurs classes, quelques parties au moins de cette ornementation. Puissent-ils avoir des imitateurs !

(1) Morrisson, *Manual of schooll management*, p. 279-281.

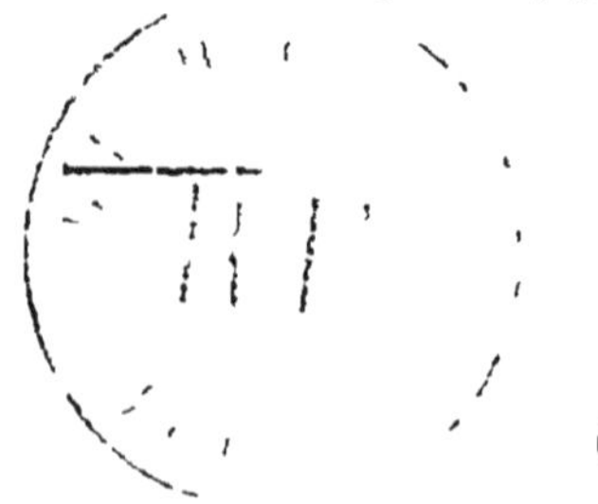

6

X

L'Emploi du Tableau noir.

I

Je voudrais appeler ici l'attention sur un des objets qui doivent composer le mobilier scolaire : le *Tableau noir*.

Beaucoup voient tout simplement en lui quelques planches accolées les unes aux autres, et recouvertes de la couleur que chacun sait ; — couleur, hélas ! quelquefois fort effacée. Souvent même un bon maître a peine à se le procurer. Que d'écoles encore dans lesquelles on le cherche inutilement ! Ou, s'il existe, ne sert-il pas exclusivement, ou peu s'en faut, pour des opérations de calcul ? C'est en amoindrir le rôle.

Pour nous, le *Tableau noir* est une des parties les plus importantes du mobilier scolaire. Les conditions dans lesquelles se recrutent et fonctionnent nos classes, en font ressortir la nécessité pour chacune des catégories d'enfants qui les composent.

II

Il faut bien le reconnaître, nous sommes loin d'être partagés, sous ce rapport, comme les contrées où l'instruction primaire est le plus développée : la Suisse l'Allemagne, la Suède, l'Angleterre. Voyez, par exemple, la Saxe. Tous les enfants de six à quatorze ans fréquentent les classes : la loi l'exige ; pas moyen de s'y soustraire. Elle fait, en outre, entrer dans des écoles de perfectionnement, les adultes, depuis quatorze ans jusqu'à dix-sept. L'Italie avec ses *Ecoles populaires complémentaires de l'Instruction primaire,* va entrer aussi dans la même voie. Le 12 novembre dernier, le ministre de l'instruction publique présentait, en effet, à la Chambre des députés un projet de loi portant que, sauf de rares exceptions « tous les jeunes gens qui se trouvent entre l'âge de seize ans révolus et celui de dix-neuf ans révolus sont tenus de fréquenter l'école populaire de complément ; — que les illettrés de quinze à seize ans fréquenteront une classe préparatoire annexée à cette école (1).»

Ai-je besoin de dire quels succès ces conditions d'écolage assurent à l'enseignement des maîtres? Si nous pouvions nous appuyer sur elles, je sais quels résultats présenteraient nos classes, car chaque jour, autant que les maîtres saxons et italiens, nos instituteurs et nos institutrices mettent au service de leurs élèves le dévouement et l'intelligence.

III.

Il est vrai, nous avons aussi, sinon ce qu'on appelle des écoles de perfectionnement, au moins des classes d'adultes, et nul n'ignore avec quel oubli d'eux-mêmes

(1) V. Le *Journal général de l'Instruction publique,* 24 décembre 1881, p. 858 ; — 12 janvier 1882, p. 20.

nos maîtres ajoutent aux labeurs du jour les fatigues du soir. Encore n'avons-nous là qu'un auditoire trop restreint. Point de loi qui oblige les adultes, les illettrés surtout, à fréquenter des cours ouverts pour eux. On le regrette.

Ce que l'on a longtemps déploré plus encore, c'est la durée et le terme extrême de l'écolage proprement dit. Jusqu'à ce jour, la plupart des enfants nous quittaient vers les neuf ou dix ans. On prétendait, il est vrai, que notre génie se prêterait difficilement à des mesures qui prolongeraient la durée des classes. On oubliait que nos frères d'hier ont vu cette question résolue par une loi en ce qui concerne les enfants de l'Alsace-Lorraine. Bientôt nous aurons nous-mêmes une loi semblable, et des progrès marqués en suivront l'application.

IV.

Mais, si l'enfance nous était enlevée prématurément, on nous l'envoyait peut-être plus tôt que chez d'autres peuples. Que d'écoles recevaient des enfants âgés de cinq ans ! Ils allaient, et ils vont encore un peu partout : au lycée, dans les collèges communaux et libres, dans les classes primaires, laïques et congréganistes. Et il n'y a rien là qui suggère l'idée d'une concurrence faite à nos salles d'asile. Celles-ci sont aussi remplies que possible. C'est le meilleur hommage rendu à l'excellente direction de la plupart d'entre elles.

Mais ces établissements n'existent pas sur tous les points. Pour combler ce vide regrettable, nous ne tarderons pas à posséder des *Écoles maternelles*. Les enfants pourront y être admis dès l'âge de deux ans

cc₀mplis et y rester jusqu'à ce qu'ils aient atteint l'â
de sept ans (1).

V

Qui ne comprend aussi que leur âge, leur peti
corps, l'éveil prochain de leurs facultés intellectuelles et
morales exigent une direction spéciale? Pour eux, l'u-
sage du tableau noir est indispensable. Les Ecoles maternelles devront en comprendre « un ou plusieurs, dont
un au moins sera quadrillé. » (2) Lui faisions-nous, toujours, dans le passé, la part que réclame le premier âge?
Ici, un regard sur ce passé — qui est peut-être encore
le présent, — ne fût-ce que pour le faire disparaître.

Vous savez ce qui arrive trop souvent avec les enfants les plus jeunes qui entrent dans nos classes : on
leur assigne un banc sur lequel ils restent comme cloués
pendant des heures entières ; pas un mouvement du
corps ; rarement une parole qui sache se faire petite,
claire, souriante, pour pénétrer dans leur petite intelligence, y éveiller une pensée pleine de vie. Ce qu'on
leur remet, c'est un syllabaire, avec ses lettres mortes,
et qu'il faut déchiffrer les unes après les autres, dans les
longs ennuis d'un travail bien ingrat.

En Allemagne, on ne traite pas ainsi le premier âge.
Il y a pour lui des écoles spéciales, appelées jardins d'en-

(1) *Décret relatif aux Ecoles maternelles*, 2 août 1881.
(2) *Organisation des Ecoles maternelles*, art 27.

6.

fants (*Kindergarten*), où l'enseignement se donne par l'aspect, où tout parle aux yeux, prend corps et vie pour intéresser et séduire ces petites créatures. Au lieu de livres, des *leçons de choses*, et, sous les regards des enfants, les objets qui provoquent l'enseignement, des images, des tableaux, surtout le *tableau noir*. Les maîtres ont une habileté particulière pour y représenter promptement, à grands traits, ce qui doit captiver l'attention.

Ces *jardins* nous manquent. Les aurons-nous un jour? Il faut l'espérer et compter sur nos *Ecoles maternelles*, mais, en les attendant, y suppléer par de bons procédés d'enseignement. Nous laissions nos petits enfants s'ennuyer et s'étioler sur un banc, dans un coin de la classe, un syllabaire à la main; changeons de méthode et allons avec eux au *tableau noir*.

Là, nous leur apprendrons, non pas seulement à *voir*, mais à *regarder* les objets qui les entourent, à les décrire, à connaître leur nature, leur usage, à les désigner chacun par le mot propre. Nous voilà dans la classe ; pourquoi ne pas y faire d'abord une promenade? Voici le crucifix, les bancs, la table, la règle, l'encrier, le livre, etc. Le maître, la craie à la main, figure tout au tableau noir, sans hésitation, rendant compte de chaque trait, et y attachant une idée. Que d'intéressantes explications lui viennent alors ! Comment s'appelle le siège sur lequel vous êtes assis? Quelle est sa forme, sa hauteur, la matière qui le compose ? Quel nom donner à l'objet dont je me sers pour tracer ces figures sur le tableau noir? Voyez comme il se brise facilement! Voulez-vous en connaître les divers usages?

Ces leçons varient à l'infini. Elles intéressent l'enfant ; l'ennui ne vient pas, et, chaque jour, il rentre dans la famille avec de nouvelles idées qui étendent son intelligence.

VI.

Mais il faut aussi songer à lui former un bon cœur. Tenez ! voici une occasion d'éveiller en lui le sentiment de la *conscience morale.* On dira par exemple : Vous est-il jamais arrivé, mes enfants, de désobéir à votre maman ? — Oh ! oui, quelquefois, hélas !—Eh bien ! après, vous baissiez les yeux, le rouge vous montait au visage : c'est qu'une voix secrète vous réprimandait. Ecoutez ce qu'un petit enfant disait un jour à sa mère :

« Qu'elle est donc cette voix, mère, qu'avec terreur
J'entends parler souvent dans le fond de mon cœur ?
Elle gronde tout bas quand je ne suis pas sage ;
Elle me rend chagrin et rougit mon visage
    Lorsque personne ne me voit,
Quand rien ne m'avertit, même ton petit doigt.
Mais lorsque je suis bon, cette voix m'encourage,
    Et doucement me dit : C'est bien !
— Mon enfant, c'est la voix de ton *Ange gardien* (1). »

Et l'on donne à ce petit conte son véritable nom, l'*Ange gardien.* On écrit chaque vers sur le tableau noir ; on fait remarquer successivement les lettres des mots qui le composent ; l'enfant s'habitue à les reproduire ;

(1) Mlle Octavie Masson, *Jardins d'enfants.*

il en sait bientôt le nom. C'est tout à la fois de la lecture et de l'écriture, sans ennui. Et un autre avantage : le poème se trouve appris ; une délicieuse poésie entre dans la mémoire de l'enfant, et, dans son cœur, de bons sentiments.

Que l'on prenne, si l'on veut, les charmantes pièces intitulées : l'*Oreiller d'un enfant* ; la *Prière d'un enfant à son réveil*, etc., qu'on les transcrive sur le *tableau noir*. Le même exercice se reproduira ; les sentiments les plus délicats et les meilleurs entreront dans le cœur des enfants. Qui ne les a entendus, sachant à peine lire, réciter ces poésies avec une intelligence et un charme qui faisaient naître l'émotion ?

Un grand pédagogue de l'antiquité, Quintilien, voulait que l'on confiât à la mémoire des enfants les pensées et les récits des auteurs les meilleurs ; Homère, Sophocle. N'avons-nous pas aussi pour eux des trésors dans nos livres de l'Ancien et du Nouveau Testament ?

Mais ces diverses parties de l'enseignement exigent de celui qui le donne une préparation sérieuse : la connaissance du dessin, l'habitude de diriger les petits enfants et de leur parler le langage qui convient, de placer à propos leur intelligence sur toutes les voies où ils peuvent trouver une idée, un bon sentiment.

L'Allemagne regarde cette préparation comme une des plus importantes. Aussi, les élèves-maîtres des écoles normales y sont-ils rompus pendant tout le cours de de leurs études et ils ont pour les diriger, dans les classes d'application, les plus habiles maîtres. Au sortir de l'école, ils subissent deux examens, dont l'un tout pratique. Et tous doivent posséder le dessin, l'habitude du *tableau noir* , et celle de parler aux plus jeunes enfants. N'avons-nous rien à g agner sur ce point (1)?

VII.

Est-ce que des enfants ainsi préparés, dès l'âge de trois ou quatre ans, n'entreraient pas, à six ans, dans les divisions supérieures, avec une intelligence ouverte, un regard pénétrant, un esprit éveillé, des notions précieuses? Qui pourrait se refuser à soumettre à ces procédés les jeunes enfants que nous envoient les familles, même à cinq ans? S'ils disparaissaient, quels vides dans nos classes! Mais, je le répète, il faut être préparé pour les recevoir, avoir appris à se faire petit avec eux, mère, s'il se peut, savoir saisir tous leurs sens, les éveiller, les étendre, mettre *en leur fantaisie*, comme dit Montaigne, *une honneste curiosité de s'enquérir de toutes choses...* Il n'y a pas à présenter ici des théories élevées sur l'écriture, la lecture, le calcul. Frappons les regards et l'attention.

Les maîtres habiles le savent; aussi, mettent-ils tout leur art à faire parler le boulier-compteur, les cartes géographiques. Les petits enfants comprennent cette direction, et ils aiment ceux qui la donnent. Préparons-nous donc à nous faire aimer d'eux.

---

(1) Nous est-il permis de nous applaudir de voir le décret du 2 Août 1881, relatif aux *écoles maternelles*, confirmer quelques-unes des idées émises dans les pages qui précèdent? Sans doute, il les étend, il leur donne plus d'ampleur. Nul qui ne s'en réjouisse dans l'intérêt des enfants. Il faut maintenant appliquer ces idées.

VIII.

Plus on monte vers les divisions supérieures, plus le *tableau noir* me semble prendre d'importance ; avec la parole du maître, il supplée à tous les livres qui, souvent mal composés, n'en sont pas moins une lourde dépense pour les familles.

Avons-nous à nous occuper du génie et des règles de la langue française ? Si nous voulons les faire comprendre à nos enfants, condamnerons-nous ces petits patients à apprendre mot à mot, page par page, le texte d'une grammaire ? Vous savez quelles seraient les conséquences de ce procédé. Le premier trimestre toucherait à son terme, et à peine terminerait-on l'étude des verbes et de leurs conjugaisons. Cependant, que de dictées déjà données, fort bien choisies quant à la pensée, et dans lesquelles on a dû se conformer à des règles orthographiques exposées vers la fin d'une grammaire ! Le bon maître a prévu et rendu facile ce travail. Comment ? Avec le tableau noir. Dans le livre de lecture, il avait remarqué des phrases se rattachant à l'ordre d'idées grammaticales sur lequel devait, un des prochains jours, porter son exercice. Il les a transcrites sur ce tableau et parfaitement expliquées ; il a dit le sens et la fonction de chaque mot, le pourquoi de telle ou telle désinence. Les règles orthographiques ont paru comme dépouillées des formules abstraites et incarnées dans des exemples qui les ont fait entrer dans l'intelligence. Plus tard, la grammaire les rappellera : alors on les saluera comme des connaissances presque vieilles.

Le fait est que l'enfant ne sera pas condamné à copier une ou plusieurs fois l'ennuyeux mot-à-mot d'une règle qu'il connait et qu'il applique depuis longtemps. Ce sera le banissement du *pensum*. Et le mal, je vous prie ?

Entrons donc franchement dans ces procédés, les seuls intelligents : au début de l'enseignement, point de ces abstractions et de ces formules grammaticales qui ne disent rien à l'intelligence des enfants. Que notre livre de lecture nous serve à faire remarquer la pensée vivante dans ses diverses formes d'expression. Choisissons-y les propositions les plus simples, transcrivons-les successivement sur le tableau noir ; détachons-en les éléments et expliquons-les. Que l'on voie clairement le nom, le verbe, l'adjectif, leur définition et le pourquoi de leur orthographe. Qu'un développement graduel et une progression rigoureuse conduisent les élèves à des propositions composées de plusieurs membres et aux périodes les plus compliquées. A ces exercices bien conduits nous saurons rattacher l'étude des diverses parties du discours, la conjugaison, le vocabulaire, l'analyse, la rédaction et la composition. Nous passerons ainsi de la pratique à la théorie ; les principes découleront des exemples ; le concret nous conduira à l'abstrait. Nous aurons un enseignement instructif, vivant, animé, contribuant au développement de la réflexion, des facultés intellectuelles et morales. Nous ne séparerons pas la grammaire de la pensée vivante qui constitue le fond du langage, et nous la comprendrons mieux (1).

(1) Nous nous sommes efforcé d'appliquer ce procédé dans le *Questionnaire* qui suit chacun des chapitres de nos études sur les *Ennemis et les Protecteurs du blé*.

IX.

Arrivons à un autre ordre d'idées. Il s'agit de l'arithmétique. Vous savez que les chiffres n'ont rien de séduisant pour le jeune âge. On en couvre des pages entières sans avancer beaucoup. Comme on est seul en leur présence, l'ennui fait que l'on oublie facilement leurs vrais rapports, ou, qu'au milieu d'une longue suite de produits, on jette, sans s'en apercevoir, un 4 pour un 5. Avec le tableau noir, il en est autrement. On n'est pas réduit seulement à ses propres yeux pour voir les chiffres et calculer leurs produits; on est là dix, quinze intelligences attentives, et pas moyen que l'erreur puisse s'introduire. Puis, ces raisonnements et ces opérations qui se succèdent sous les regards de tous ne semblent-ils pas pleins de vie? C'est une pensée qui prend corps et que l'on saisit sous toutes ses formes.

Pour l'enseignement de l'histoire, le tableau noir nous permet de proscrire ces abrégés mal faits et décolorés, ces tristes pages toutes pleines des crimes qui souillent les premiers siècles de nos annales. Vous savez que notre devoir est de n'offrir à l'enfance que ce qui peut être pour elle une leçon de patriotisme. Vous la placez donc en présence des belles figures qui restent, pour tous les âges, le type de l'honneur, de la fidélité au devoir, du dévouement à la patrie. Ainsi, l'histoire d'un peuple passe dans celle de ses grands hommes. Or, rien ne vaut une leçon orale, présentée par le maître sous forme de récit, et résumée en quelques traits, au tableau noir. Il va sans dire qu'elle doit être préparée; qui ne sait combien il faut se défier de l'improvisation, quand on veut intéresser et instruire les enfants?

X.

La géographie réclame plus impérieusement encore l'emploi du *tableau noir*. Nous n'en sommes plus au temps où l'on mettait entre nos mains un abrégé bien sec, bien aride, condamnant notre mémoire à des efforts incroyables pour apprendre une longue nomenclature d'îles et de caps, de lacs et de montagnes, de villes asiatiques ou américaines et, en ce qui concerne notre pays, de chefs-lieux d'arrondissement. Des cartes et des atlas nous permettent aujourd'hui de considérer la situation relative des lieux dont le nom frappait nos oreilles sans laisser aucune image dans notre esprit. Cela ne suffit pas ; On avait exécuté sur ces cartes des *hachures* plus ou moins foncées, très soignées quelquefois, pour nous donner une idée des montagnes et de leur altitude relative ; mais l'exactitude absolue des proportions manquait presque toujours. Un système bien entendu de teintes, variant, avec les hauteurs, de cent en cent mètres, nous livre tout un relief orographique, les étages successifs et les accidents de terrain d'une région : ici, une haute montagne ou simplement une colline ; là, un plateau ou une région moyenne ; ailleurs, une plaine (1). Et tous ces niveaux, on les figure au *tableau noir* ; le maître le fait d'abord, puis les élèves dont la main devient bientôt habile à conduire la craie, suivant le commandement de la vue.

Et l'ordre des études géographiques ? Mais nous com-

(1) Que l'on nous permette d'appeler l'attention sur la carte du Calvados. *Géographie du Calvados.*

mençons par où l'on finissait jadis : la commune, le canton, l'arrondissement, le département, la France et ses limites ; montagnes, mers, Océan ; puis l'Europe, l'Asie et tout le globe, si le temps le permet. Et rien qui ne paraisse au tableau noir, pas plus le canton que la commune, le département que l'arrondissement ; le tout avec les accidents de terrain, les cours d'eau, les grandes voies de communication. Ce tableau, quand on sait le faire parler, n'oublie rien, et il grave tout dans la mémoire.

XI.

Si utile qu'il soit dans l'éducation intellectuelle, il ne l'est pas moins dans l'éducation morale. C'est de ce côté que doivent tendre nos efforts. Il faut développer l'intelligence, mais surtout élever l'âme des enfants. Il s'agit moins de leur inculquer des connaissances qui s'effacent bientôt que d'affermir le jugement qui demeure et, par conséquent, de verser dans leur cœur et de graver dans leur esprit ce qu'on désire voir y rester toute leur vie, comme une règle de conduite. Point de longues dissertations, mais des maximes claires, précises, qui pénètrent comme un trait, qui sont une lumière pour l'intelligence, une force pour la volonté, un appel incessant à bien faire. Ayons dans chaque classe un tableau exclusivement destiné à les recevoir. Inscrivons-y, chaque jour, une bonne pensée, une maxime religieuse, une règle de conduite. Ne nous contentons pas de les lire avec nos élèves , ajoutons-y un petit commentaire qui les fasse comprendre et aimer ; un exemple tiré de la vie de quelque personnage, afin de mettre la morale en action.

N'oublions pas que ces enfants nous échapperont bientôt ; que, une fois jetés dans la vie publique, ils n'auront trop souvent sous les regards que de tristes spectacles ou des pages écrites par une sorte de conspiration contre le bien. Nous n'avons pas, hélas ! comme l'Allemagne, l'avantage de les retenir jusqu'à dix-sept ans dans des écoles de perfectionnement. A dix ou onze, ils ne sont plus à nous, mais à tous les égarements intellectuels et moraux de l'ignorance, des mauvais exemples et des passions. Il faudrait les imprégner tout jeunes, et pour une longue suite d'années, de l'enseignement de ces maximes d'une haute moralité que l'on appelle si justement la sagesse des individus comme des nations. Que chaque jour, en entrant en classe, ils trouvent donc sur le tableau noir une partie de l'aliment destiné à fortifier leur âme. Et, afin qu'elle puisse se l'assimiler, faisons chaque semaine, chaque mois, un résumé de l'enseignement ainsi présenté. Ne pourrait-il pas devenir, pour les divisions avancées, le sujet d'un devoir écrit ? Pourquoi n'imiterions-nous pas la pratique que nous avons trouvée un jour chez une de nos institutrices ? Ses petites filles ont appris cinq ou six sentences qui leur font connaître leurs principaux devoirs dans la classe. Lorsque l'une d'elles vient à y manquer, elle doit réciter ces maximes. C'est la seule punition et l'effet produit est excellent. On le comprend : il y a là comme un examen de conscience perpétuel et une confession publique en permanence.

Étendons, autant que nous le pourrons, cette pratique à toutes nos obligations ; formons de ces maximes comme une théorie qui embrasse nos diverses relations domestiques et sociales, nos devoirs envers nous-mêmes, en-

vers nos semblables et envers Dieu. Habituons-nous à
nous rappeler, quand nous aurons faibli, quelque conseil
salutaire qui sera notre juge, qui nous inspirera une
conduite meilleure et souvent nous soutiendra dans le
bien. Ce sera quelque chose comme l'examen de Fran-
klin et celui que le chrétien fait chaque jour. Enfin,
redoublons d'efforts pour élever l'esprit et le cœur des
enfants ; ainsi nous améliorerons en eux et par eux la
condition intellectuelle et morale de l'avenir ; nous méri-
terons bien de la patrie et de Dieu.

XI

De la direction à suivre avec les jeunes enfants.

Je disais, un jour, à des Instituteurs et des Institutrices :
Une de mes jouissances est de vivre au milieu
de vous, de pénétrer dans vos classes, de suivre
le développement de vos leçons, le mouvement intellectuel et moral qu'elles provoquent. Là, je suis plus près
de nos enfants ; dans leur tenue, dans leurs regards et
leur physionomie, je puis voir leur âme, avec ses tendances premières et ses inclinations naissantes, constater
vos efforts pour l'éclairer et l'attacher au bien, la nourrir
de ces fortes croyances qui ont fait de nos pères un peuple si puissant parce qu'il était religieux, et qui seront
toujours le premier patrimoine de l'humanité. Là, dans
vos classes, sous votre parole, je recueille aussi les éléments des observations que je vous soumets ensuite, avec
le désir qu'elles puissent profiter à tous. Aujourd'hui, je
vous apporte quelques-unes de ces remarques les plus
récentes, mais j'aurai grand soin, en vous les présentant,
de m'inspirer de l'expérience de nos maîtres dans l'art
d'enseigner. De là vient toute notre puissance ; la pensée
isolée court risque de s'égarer ; il lui faut le souffle et la

lumière du passé pour se tenir droite et ferme dans les voies où s'élève l'enfance. Je voudrais vous exposer un des côtés de la direction que me paraît réclamer le premier âge.

I.

Je dis le *premier* âge, car, vous le savez, la population de nos classes semble se transformer. Beaucoup d'élèves les quittent, hélas ! vers les onze ou douze ans, quelquefois plutôt. Qui ne sait combien cette sortie prématurée paralyse le résultat de vos efforts ? Je ne puis trop m'associer à votre serrement de cœur lorsque vous voyez s'éloigner ces enfants à un âge où ils comprennent mieux votre parole, où leur réflexion, devenue plus consciente d'elle-même, commence à s'attacher à vos enseignements, à se débarrasser des mots pour aller jusqu'aux idées, à chercher dans les doctrines religieuses une lumière, un guide et une force. Que deviennent-ils une fois jetés dans les fabriques, les usines ou les travaux des champs, à la recherche de leur vie, sans une riche provision de croyances morales ? Je le sais, vous les suivez du regard, avec le plus vif intérêt, et, quand ils reviennent à vous, dans les cours d'adultes, ils trouvent là toute votre sollicitude, et des conseils qui relèvent l'être moral, s'il est tombé. Mais combien vous échappent pour toujours, se trouvant bientôt brisés par le choc des passions et des convoitises les plus tristes ! Aussi appelons-nous de tous nos vœux cette loi protectrice du jeune âge, qui, dans la Saxe, le rattache pendant 8 ans, de la 6e à la 14e année, à l'école primaire. Et pourquoi n'aurions-nous pas aussi ces écoles de perfectionnement

(*Fortbildugs-Schulen*) que tous les jeunes gens sont tenus
de suivre jusqu'à leur 17° année accomplie ?

II.

Autant de rêves ! diront peut-être les esprits qui comprennent peu les conditions d'une éducation durable et
fortifiante. Mais en Saxe ces rêves sont devenus une
réalité, une pratique avec laquelle on trempe vigoureusement les âmes. La loi a parlé ; elle est obéie, et l'instruction populaire marche vers un progrès véritable.
Vienne bientôt pour nous une organisation semblable ;
nous verrons se relever le sens moral qui va partout
s'affaiblissant. Laisser les jeunes gens courir dans les
rues de nos villes, inoccupés ou se livrant à des jeux
énervants, comme il arrive trop souvent, n'est-ce pas
compromettre leur avenir et peut-être préparer pour la
société des membres dangereux ? Je me garde bien de me
faire les honneurs de cette idée. Je la trouve même en
Russie, où l'on commence à comprendre la nécessité
d'une forte organisation de l'enseignement primaire. Il
importe au plus haut point, disait un jour le ministre de
l'instruction publique « d'habituer au travail et à l'étude
une foule de jeunes gens que perd maintenant l'oisiveté,
et qui deviennent ainsi pour la société des membres nuisibles ou dangereux. » (1) Ne sera-t-il donc rien fait en
France pour les jeunes gens qui nous échappent à 11 ou
12 ans ? (2)

---

(1) M. de Laveleye, *De l'Instruction publique en Russie*, Revue des Deux Mondes, 15 avril 1874, p. 785.
(2) Vienne donc l'enseignement obligatoire que nous font espérer nos Chambres françaises.

Mais nous n'avons là qu'une partie de notre population scolaire ; une autre nous arrive très jeune, souvent avant l'âge de six ans. Nul ne peut songer sérieusement à lui fermer l'entrée de nos classes. Ouvrons-les plutôt largement pour la recevoir. Dans les conditions actuelles, la durée de l'existence scolaire des enfants est si courte, et il importe tant de les pénétrer de bonne heure des sentiments, des vertus et des goûts qui font les hommes vraiment dignes de ce nom !

III.

Sans doute, il serait désirable que leurs premières années s'écoulassent dans la famille, sous le regard et sur le cœur des mères. Quand elles savent exercer, d'une manière conforme à leur titre de mère, une influence à laquelle rien ne supplée, ne sont-elles pas les éducatrices par excellence du premier âge ? Ne comprenons-nous pas tous Barnave songeant à sa mère, au moment de monter sur l'échafaud, et lui rapportant le courage qui l'anime ! N'est-il pas dans le vrai et ne donne-t-il pas une leçon encore trop peu suivie, quand il écrit à sa sœur : « C'est « ma mère qui doit élever vos garçons, elle leur commu- « niquera cette âme franche et courageuse qui fait les « hommes. » Toutefois, apprendre à des enfants à mourir en hommes, ce serait peu ; il est plus beau, plus important et non moins difficile de leur apprendre à vivre comme doit le faire qui comprend la dignité et les destinées de son être. Toute mère digne de sa haute vocation excelle dans cette œuvre. On l'a dit quelque part, ce qu'elle éveille et cultive par ses jeux amusants et ses chants joyeux, sous les ailes protectrices de son amour, vit dans ses enfants jusqu'au dernier de leurs jours. Voilà pourquoi nous voudrions voir l'éducation du premier âge confiée tout entière à la femme. (1)

Mais est-il inexact de dire que l'air du foyer domestique n'est pas toujours sain ? Puis, que de soucis pour gagner la nourriture et le vêtement absorbent, dans certaines conditions, tous les moments des mères ! Ne cessons donc pas d'avoir les bras ouverts pour accueillir les jeunes enfants et remplir auprès d'eux les devoirs d'éducateurs. Ce sera la partie la plus délicate de notre mission : elle peut devenir la plus féconde, si nous ne négligeons aucun moyen pour développer simultanément les facultés physiques, intellectuelles et morales de ces frêles créatures que Dieu nous confie.

IV.

Quand ces enfants nous arrivent, pouvons-nous ne pas comprendre que nous devons avoir pour eux le cœur d'une mère, et ne pas les entourer de tous les soins, de toute l'affection que réclame leur petit être? Nous n'oublions pas non plus de regarder leur intelligence et leur cœur, et de nous intéresser à leurs développements. Mais le faisons-nous toujours comme il convient? Vous savez ce qui se passe.

Un des premiers soucis est d'initier les enfants à la récitation. Ne nous émeut-il pas jusqu'aux larmes, lorsque, ses petites mains jointes, ses regards dirigés vers

(1) Le Décret relatif à l'organisation des *Ecoles maternelles* porte: « Les écoles maternelles sont exclusivement dirigées par des femmes. » Notre vœu se réalise.

le ciel, il récite le *Notre Père,* ou, quand il dit encore de sa voix gracieuse et si pénétrante :

« Notre père des Cieux, bénissez ma jeunesse !
« Pour mes parents, pour moi, je vous prie à genoux ;
« Afin qu'ils soient heureux, donnez-moi la sagesse,
« Et puissent leurs enfants les contenter sans cesse
« Pour être aimés d'eux et de vous ! » (1)

Et d'ailleurs ces exercices, s'ils sont conduits avec intelligence, n'ouvrent-ils pas l'âme à des sentiments que l'on voudrait, en grandissant, n'oublier jamais ? Ces sentiments ne sont-ils pas sa nourriture, sa force, sa sauvegarde ? En les conservant bien purs et bien riches, ne se sent-on pas, comme le dit le petit enfant, *aimé des hommes et de Dieu ?*

Il y a, dans la pédagogie, une page qui nous apprend à les faire naître. Vous en connaissez le titre : *Piété, Exemple.* Chaque jour, vous étudiez cette page avec votre cœur ; vous savez vous en inspirer ; tout le secret de vos succès est là.

Sachons enfin présenter à la famille le plus promptement possible un enfant qui connaisse ses lettres et qui les prononce. Qui n'aspire à la gloire de former ce petit prodige ! Aussi, suivez les destinées de l'enfant.

A peine a-t-il franchi le seuil de l'école que le voilà, le plus souvent, enfermé dans une classe, aux murs sales, sans aucun ornement. Des bancs trop élevés pour sa petite taille ; pas de dossier pour soutenir son corps ; à peine quelques tables sur lesquelles ses mains reposeront. A ses côtés, rien qui récrée sa vue, et qui puisse parler à

(1) Mme Tastu.

son esprit; tout au plus quelques cartes géographiques, bonnes pour les premières divisions, mais au-dessus de sa portée ; à son usage, quelques restes de tableaux de lecture.

Tel est le milieu dans lequel le petit enfant se trouve souvent jeté tout à coup. Oh ! je ne vous en accuse pas; vous souffrez deux fois, je le sais, pour vos jeunes enfants et pour vous. Aussi, au moment où je vous parle, ma pensée suppliante se porte-t-elle vers les administrations qui peuvent introduire plus de bien-être dans nos classes. Confions à leur sollicitude des intérêts qui nous touchent de si près. Mais voyons si nous comprenons bien nos devoirs envers le premier âge.

Un jeune enfant nous est donc envoyé. Comme les tableaux de lecture peuvent manquer, vite un syllabaire. C'est pour ces enfants tout l'horizon qui est ouvert, l'unique source de lumière et de chaleur. N'est-ce pas plutôt l'instrument de leur torture? Il faut qu'ils le portent pendant des heures entières, car la lecture terminée, ils reviennent à leurs bancs, avec l'ordre d'y rester immobiles, sans autre distraction que les noirs caractères qui sont là, sous leurs yeux, comme autant d'énigmes. Naguère, au sein d'une localité importante, je trouvais près de 80 enfants, soumis à ce régime, sous un seul maître. Celui-ci donnait tout le dévouement dont son âme est pleine, et, si ces lignes passent jamais sous ses yeux, qu'il sache bien que je l'admire dans son abnégation et que je le plains autant que ses enfants. Je le vois condamné à une œuvre ingrate, épuisante, que la connaissance des vrais procédés pédagogiques rendrait pleine de charmes et riche en bon résultats.

Où est la cause de la faiblesse?

V.

Dans l'ignorance probable des moyens les plus propres à préparer, chez l'enfant, le développement harmonique de ses facultés physiques, intellectuelles et morales, on commence presque par où il faudrait finir avec cet âge. C'est d'abord une longue immobilité sur un banc, et ses petits membres ont besoin d'une activité incessante. Ce sont des regards fixés sur un livre, et c'est vers la nature que tous les sens de l'enfant demandent à se porter.

Entre beaucoup d'erreurs, et des plus tristes, un philosophe du siècle dernier a émis des idées que l'on ne peut trop méditer (1). Notre premier souci, dit-il, devrait être l'éducation des sens; il la présente comme la préface et la condition de toute bonne éducation ultérieure. « Nos premiers maîtres sont, pour reproduire ses expressions, nos pieds, nos mains, nos yeux. Substituer des livres à tout cela, ce n'est pas nous apprendre à raisonner, c'est nous habituer à nous servir de la raison d'autrui. » Il demande, en conséquence, que l'on s'attache tout d'abord à faire acquérir aux organes de l'enfant de la force, de la délicatesse et de la précision.

Nous inspirons-nous bien de cette pensée quand nous condamnons à l'immobilité, pendant des heures entières, nos élèves les plus jeunes; quand nous les enfermons dans des classes où ils ont pour tout horizon des murs sales, tristes et lacérés par les coups de couteau de toute

(1) Rousseau.

une génération ; quand .le seul objet que nous leur donnons pour exercer leur toucher est un livre qui tombe en lambeaux ?

VI.

Je viens d'indiquer deux de nos sens, la vue et le toucher, dont l'éducation ne peut commencer trop tôt ; je pourrais y joindre l'ouïe. Et il ne s'agit pas ici d'une gymnastique physique isolée. Tout se tient dans la direction intelligente du premier âge. C'est par le moyen des sens qu'il faut lui apprendre à observer et à juger ; « nous ne savons ni toucher, ni voir, ni entendre que comme nous avons appris. » Un autre maître dans l'art d'enseigner, Pestalozzi, veut aussi que l'on s'attache à former le jugement en parlant aux yeux. Ainsi se tiennent la gymnastique physique et la gymnastique intellectuelle.

Le but de celle-ci est de diriger les sens, de les façonner et de les aiguiser, de faire leur éducation par une suite d'exercices bien conduits, de créer et de fortifier l'esprit d'observation. Des phénomènes de tout genre passaient inaperçus, on habitue les enfants à s'en rendre compte ; ils voyaient les objets, ils les regarderont ; ils apprendront à les distinguer, à les nommer, à les comparer et à les classer. Ils avaient un syllabaire, ils auront le livre plus riche et plus attrayant de la nature. Il n'y a pas de maître qui parle plus clairement qu'elle aux enfants ; elle s'empare de leurs sens ; par eux, elle ouvre la porte de l'âme et elle y porte la lumière. Il faut en faire le premier livre de lecture ; le syllabaire n'est que l'accessoire.

Avec elle, et sous une direction intelligente, l'enfant passe de l'accroissement du corps et du développement des membres à l'usage de ses sens; de l'observation et de je ne sais quelle perception vague de tels objets en particulier, à leur connaissance et à leurs rapports avec un certain ensemble. Il sent que son corps le rattache à la matière, ses membres et ses sens au monde extérieur. Le sentiment de l'individualité s'éveille en lui, et quelque chose le relie de la manière la plus intime aux objets qui l'entourent. Son âme ne tarde pas à goûter les charmes de la nature; elle s'élève, elle s'émeut de ses beautés et tout la conduit bientôt vers le Créateur.

VII.

Les vrais pédagogues ne se contentent pas de nous enseigner ces procédés, les seuls rationnels; ils créent pour l'enfant, dans nos classes, un milieu que l'on nous permettra de signaler aux hommes et aux maîtres peu soucieux de les orner. Voici, par exemple, la pensée ou plutôt la pratique de Frœbel:

Imaginez-vous d'abord tout un système d'images qui rappellent au jeune élève les première relations qu'il a eues avec sa mère, les premiers soins qu'elle lui a prodigués, les premiers jeux qu'elle lui a enseignés; ses relations avec d'autres enfants et avec sa famille. Sur un autre plan, la représentation des phénomènes de la nature : le soleil, la lune, les étoiles, etc.; des scènes de la vie des animaux et de la vie domestique, sous ses divers points de vue; le jardinage et l'agriculture; les diverses professions, le commerce et les arts; les centres et les phases les plus importantes de la vie morale de l'enfant. Tout cela doit contribuer à le préparer pour la vie réelle, et lui faire comprendre une des mille conditions de son existence possible dans l'avenir. Tout cela c'est l'image, mais une image qui s'anime sous la parole du maître, qui intéresse et dépose dans l'âme toute fraîche de l'enfant un enseignement ou un conseil inaltérables.

Encore n'avons-nous là qu'un des côtés de l'ornementation de la classe. Ici, pour les exercices corporels, des balles et des boules ; là, des tablettes graduées de couleur, des dessins sur papier quadrillé, afin d'habituer la vue à juger de la convenance des couleurs et des nuances, de la symétrie des figures et de la régularité des lignes. On veut exercer la voix, voici de petits chants qui la plient au rythme et font entrer dans l'âme les sentiments les meilleurs. Il s'agit d'apprendre à compter, à comparer, à mesurer, point de chiffres abstraits ; encore moins de ces épais volumes dans lesquels nous réunissons tous les problèmes possibles, mais un boulier-compteur, un arrangement symétrique de menus objets en papier, en bois, en fil ; des objets concrets qui passent dans toutes les mains et qui amusent. A la lecture maintenant ! tout le petit monde se range autour des tableaux : l'articulation est nette, uniforme ; les caractères sont bientôt reconnus. Des lettres mobiles servent à les reproduire. De petites phrases, exprimant une idée morale, sont composées ; on écrit et on lit tour à tour. Rien d'attrayant comme cet enseignement. Avec qu'elle attention les regards s'arrêtent sur les figures qui en sont la base ! Comme le personnage dont parle le maître paraît vivant ! comme ce fait qu'il raconte se grave dans l'esprit ! Le cœur s'émeut, tout enrichi qu'il devient d'une haute leçon morale. Les rondes qui succèdent ouvrent à l'attention un autre courant, sans effacer l'impression première ; le corps s'agite et l'âme se repose.

Où trouver des procédés qui assurent mieux le développement harmonique des facultés de l'enfant ? Pour lui, la vie est là. Aussi cette méthode règne-t-elle en souveraine dans toutes les contrées qui ont l'intelligence des conditions de l'instruction du premier âge.

Pourquoi n'est-elle pas plus répandue dans nos classes ? J'entends la réponse : Les ressources manquent. Mais, pour les créer, sommes-nous donc moins favorisés que la Saxe ? Elle n'a que 2,500,000 habitants, et cependant, outre ses 2,143 écoles primaires, elle possède 91 jardins d'enfants, dont 9 établis dans des villages, et tous organisés sur ces principes de la méthode Frœbel.

VIII.

Si quelques administrations se montrent lentes à comprendre et à poser les conditions du progrès, faisons appel à l'initiative individuelle. Il est encore des amis de l'enfance. Montrons-leur les collections de tout genre qui se multiplient dans l'intérêt de l'instruction primaire : ces plaquettes de bois qui, à l'aide de teintes diverses, forment une gamme complète des couleurs, et mettent, dans l'œil qui les contemple, de la pénétration et de la justesse ; ces plaques rondes de différents métaux, laiton, cuivre, fer, qui, sous le doigt du maître ou de l'enfant, entrent en vibration et portent dans l'ouïe toute une théorie des sons. Pour l'éducation des autres sens, les éléments sont aussi ingénieux et variés. L'industrie les jette partout dans le commerce. En Suisse, en Autriche, en Allemagne, les hommes soucieux des progrès de l'instruction primaire se réunissent pour en doter les classes, et les résultats obtenus les paient largement des sacrifices qu'ils s'imposent.

Si notre appel ne devait être que faiblement entendu, que les instituteurs et les institutrices mettent leur intelligence à créer ce qui leur manque. Pourquoi ne serions-nous pas tous ingénieux? Est-il donc au-dessus de nos forces d'imiter ce que l'on a vu à l'Exposition de Vienne? Dans une petite boîte, quelques graines; à côté quelques tiges de lin ou de chanvre, la filasse qu'on en tire, le fil, la toile, puis le papier et ses divers spécimens, depuis le papier de paille jusqu'au papier glacé. Que d'enseignements suggérés par les quelques graines renfermées dans cette petite boîte! Et ce ne sont pas seulement des transformations qu'il s'agit de suivre; ne voyez-vous pas aussi la Providence qui laisse tomber son soleil et sa rosée sur la semence confiée à la terre, qui la protège, la nourrit et en fait la plante textile que l'homme utilise?

IX.

Etendant ce point de vue, ayez pour chacune de vos leçons des spécimens qui les *illustrent*, et qui seront là comme autant de gravures destinées à faire parler des textes. Les matériaux les plus riches abondent dans la nature. On nous reproche, non sans raison, de ne pas savoir les regarder. Mettons-nous à l'œuvre et faisons-en des *musées scolaires*.

L'enseignement par les yeux : — pour l'arithmétique, un boulier-compteur; — pour les entretiens familiers ou leçons de choses, des tableaux représentant les diverses industries, — des échantillons de tissus de coton, de laine, de lin, de soie, des dentelles et des cuirs ; — les graines de nos céréales et de nos légumineuses ; — des oiseaux et des papillons ; — des cartes géographiques, etc.

Dans cette classe, tout parle ; les enfants aiment et comprennent leur petit *musée scolaire*. En le contemplant, leur esprit s'éveille, leur cœur s'emplit de bons sentiments ; ils les chantent avec un ensemble et une grâce qui ravissent ; ils sortent de toutes leurs leçons avec une excitation incessante à devenir meilleurs, et le gymnase est tout près pour préparer le développement de leurs petits membres. N'avons-nous pas là les éléments de la culture harmonique des facultés de l'enfant, qui est le but de toute éducation vraie ?

Ce que des instituteurs et des institutrices réalisent ainsi avec une persévérance digne des plus grands éloges, pourquoi ne pas l'entreprendre partout ? Notre enseignement deviendra plus sûr ; nos leçons seront plus fécondes en résultats ; nous mettrons dans le corps de l'enfant de la vigueur ; dans son intelligence, de la lumière ; dans son cœur, l'amour du bien ; dans sa volonté, un commencement d'énergie pour le réaliser. Où nous trouvons souvent l'engourdissement, la vie entrera. Courage donc et à l'œuvre !

XII

Les petits enfants dont nous avons parlé appartiendront bientôt aux divisions élémentaire, moyenne et supérieure. Ailleurs, nous avons essayé d'exposer les procédés à suivre pour rendre fécond l'enseignement des diverses parties du programme (1). Nous voudrions montrer ici comment peuvent se manifester les résultats poursuivis et obtenus. Il faut les chercher dans le cahier de classe et dans sa tenue.

I.

Nous n'en sommes plus au temps où les enfants étaient chargés de cahiers presque aussi nombreux que le sont les diverses parties du programme : écriture, calcul, histoire, etc. Un cahier *unique* suffit. Il devra comprendre tous les exercices scolaires écrits ; on y trouvera ceux qui se rattachent aux explications de la lecture, à l'étude de la langue maternelle et de l'orthographe, aux rédactions d'histoire et de géographie, aux essais de

(1) Voy. *Leçons élémentaires de pédagogie pratique*, 4ᵉ édition.

composition, etc. Tout au plus des feuilles spéciales seront-elles tolérées pour l'écriture et pour les compositions hebdomadaires. Le tout portera la date précise du jour où chaque exercice sera fait.

II.

Le cahier est déjà par lui-même un enseignement. Il ne peut échapper à personne que, pour l'étranger qui pénètre dans une école, la classe elle-même parle. S'il trouve une bonne tenue dans ce cahier, et dans les livres; de la propreté dans la salle d'étude, dans la cour et même, que l'on nous permette ce détail, dans les lieux d'aisances, il est autorisé à penser qu'il y a là un maître qui veille, qui veut l'ordre moral, comme l'ordre matériel; si celui-ci manque, il craint pour l'autre. Cette observation a pour elle la consécration du temps; profitons-en.

IV.

Revenons à nos cahiers scolaires. Combien j'en ai vus! La préoccupation première était, et elle l'est encore, de chercher, en les parcourant, la direction générale de la classe, la force des élèves, leur travail même.

Or, trop souvent, dans les cahiers surtout de *mise au net,* ce travail ne se présentait pas sous sa forme primitive : l'orthographe et le style avaient été corrigés; le raisonnement et la disposition uniforme des problèmes trahissaient l'œuvre du maître.

D'un autre côté, rien qui indiquât l'ordre des leçons, l'enchaînement des matières, la marche des études; des devoirs sans lien les uns avec les autres; ni plan, ni gradation dans les exercices.

Autant de défauts à éviter. Les cahiers de chaque jour doivent reproduire l'œuvre même des élèves. On peut juger ainsi de l'étendue de leurs connaissances grammaticales, historiques et géographiques, de la manière dont ils conduisent et raisonnent leurs opérations d'arithmétique, de la forme qu'ils savent donner à leurs pensées.

Ne vous effrayez pas plus que nous des résultats ; nous connaissons assez l'enfance pour comprendre qu'il y aura des taches, et nous ne rêvons pas une perfection impossible. Mais nous désirons voir ces jeunes intelligences se manifester telles qu'elles sont. Dans ce jet spontané, recueilli toujours avec soin et avec intérêt, il est plus facile de saisir leur force et leurs hésitations, leurs tendances et les espérances légitimes du pays.

Des remarques, des corrections devront être faites ; on les déposera à l'encre rouge sur la marge des cahiers.

V.

Je voudrais aussi, dans le choix et l'enchaînement des devoirs, un plan, une gradation. Un ensemble de pensées bien combinées, tendant toutes au même but, c'est le plan. Oh ! je le sais, souvent en présence des hésitations des enfants, ces pensées s'avanceront lentement, elles s'arrêteront même, et se produiront sous des formes diverses, jusqu'à ce que l'esprit des élèves soit devenu maître de la règle, de la question, du problème qui l'arrêtaient. D'autres fois, ces pensées précipiteront leur marche, elles ouvriront aux regards de la jeunesse des horizons nouveaux, parce que son intelligence aura saisi promptement la lumière du milieu où elle se trouve.

Ces haltes suivies de mouvements rapides sont les vraies conditions du progrès. Aller en avant et laisser après soi des points obscurs, c'est exposer les regards de l'enfant à une lumière trop forte qui lui donne le vertige et l'affaiblit ; le retenir trop longtemps dans un milieu qu'il connaît, c'est enchaîner ses ressorts intellectuels, en diminuer la force d'expansion, et étouffer l'attrait de la nouveauté qui, à cet âge, demande à se développer et à être dirigé.

VI.

A ces considérations générales ajoutons quelques remarques relatives aux diverses parties de l'enseignement.

1° *Lecture.* — Tous les cahiers doivent porter trace des devoirs auxquels donne lieu une lecture bien conduite : résumé des idées développées dans un morceau, dans une page et même un alinéa ; explication du sens de certains mots et de leur rôle dans la phrase ; notions historiques et géographiques qu'elle a pu suggérer. Il n'y a pas d'exercice plus propre à donner à l'esprit de l'étendue, de la perspicacité et de la netteté. Nous commençons à penser d'une manière intelligente avec les auteurs que nous lisons ; leurs idées sont, pour notre esprit, comme le lait de nos mères pour notre corps.

2° *Écriture.* — J'ai trouvé souvent dans les classes une écriture élégante, d'une beauté remarquable. Cependant les principes manquaient parfois ; de là des incorrections et des irrégularités. Il se rencontrait aussi des traces de mauvais goût qui ne peuvent plus se présenter : encadrements lourds et disgracieux, et de plus, accouplement, dans le même mot, de lettres à l'encre noire, rouge, verte, jaune, etc. Aucun cahier de ce genre ne devrait se rencontrer maintenant dans les classes.

3° — *Langue française.* — Vous entrerez dans la connaissance de la langue maternelle, non pas en chargeant la mémoire des règles et des formules d'un livre souvent abstrait, compliqué, mais par l'étude de textes bien choisis. Quelle que soit votre grammaire, ses pages ne seront pas nouvelles pour les enfants. Ils arriveront à chacune d'elles avec des connaissances acquises sans effort; ils en subiront la sécheresse avec moins de dégoût, car vous saurez leur montrer, dans ces lignes, comme un résumé de votre enseignement oral et de vos explications de chaque jour. Au lieu de s'engourdir au froid contact des mots et d'une rédaction pesante, leur intelligence, sous le souffle des idées, deviendra plus ouverte, prompte à saisir, s'intéressant à tout ce qui la frappera, et puisant dans ses lectures un premier fonds de pensées et d'expressions heureuses.

Pour vos exercices d'orthographe, plus de ces phrases détachées, de ces mots isolés à propos desquels il faut se livrer à des tours de force; plus de ces analyses où l'on se perd dans une longue série de propositions principales, incidentes, subordonnées. Ce système est condamné; nous n'en trouverons plus trace dans les cahiers de vos élèves. Tout y paraîtra bien choisi : des di.. .ées empruntées à nos auteurs les meilleurs, jamais trop longues, d'un style frais et élégant; des pensées utiles, enchaînées avec art ; des sentiments purs, qui fassent naître avec l'émotion le désir de devenir meilleur.

Pour vos compositions écrites, point de ces sujets vagues, généraux, qui exigent des idées acquises; l'imagination de vos enfants est encore trop pauvre pour les tirer d'elle-même. Mais la traduction en prose d'une belle poésie, la reproduction d'une leçon d'histoire, le récit d'un fait important, et toujours le contact avec un ordre d'idées qui élèvent les jeunes esprits. Nous ne devons pas perdre un instant de vue cette belle maxime du P. Girard : « *Les mots pour la pensée, les pensées pour le cœur et la vie.*

4° — *Arithmétique.* — Dans les cahiers de vos élèves, le progrès s'affirmera également par des problèmes bien choisis et des opérations conduites avec sûreté. Pour chaque âge son cadre, et, tandis que des questions plus compliquées, toujours pratiques, auront été posées à la division supérieure, on pourra suivre la marche et les procédés adoptés pour les premiers éléments. Ici, la direction a une importance qui ne peut vous échapper. Vous ne la chercherez pas dans les maigres écrits où l'on entasse des colonnes de chiffres, des définitions et des formules dont la mémoire doit se charger sans que l'intelligence les comprenne. C'est le règne de la routine que l'on veut éterniser dans nos classes, au profit de la spéculation. Vous prouverez que vous savez vous en affranchir et conduire l'enfance par des voies où la formule abstraite, incomprise, fait place au raisonnement et à la parole vivante du maître.

A cet enseignement s'ajouteront des notions de géométrie. Vous la prendrez surtout par son côté pratique; c'est aujourd'hui une nécessité; qui a un champ doit savoir le mesurer. D'ailleurs, le tracé des figures a des charmes pour l'enfance, et, quand il est bien dirigé, il donne à la main de la souplesse, au coup d'œil de la rectitude et de la fermeté. Il faudrait pouvoir étendre et fortifier la culture de toutes nos facultés. Montrez que, le comprenant, vous avez le goût pour le faire et que vos efforts ne sont pas infructueux.

5° *Géographie.* — Si j'avais l'honneur d'être instituteur, je ferais, je crois, bon marché d'une foule d'abrégés secs et incomplets qui courent encore parfois dans nos classes, et je les remplacerais, comme en Angleterre et aux Etats-Unis, par des livres où le texte est enrichi de dessins, de vues et de cartes. Des cartes surtout! Nous ne pouvons trop les multiplier; c'est une des décorations obligées de nos classes. Un des succès réels des maîtres sera d'apprendre aux enfants à les lire, à se rendre compte des limites des diverses contrées, des grandes élévations de terrain qui les dominent, des cours d'eau qui, comme des artères pleines d'un sang généreux, portent partout la vie, de nos richesses minérales et agricoles, de nos industries et de notre commerce. Les enfants s'attacheront alors au sol natal, parce qu'ils le sauront assez fécond pour leur donner l'aisance et la prospérité que refuse souvent le pavé brûlant des villes; le sol de la patrie leur paraîtra plus cher et, s'ils ont à la défendre un jour, ils connaîtront le pays sur lequel ils lutteront pour l'indépendance et la victoire. En visitant les devoirs de mes élèves, et en les interrogeant, ne tarderait pas à remarquer que j'ai donné cette direction à mon enseignement.

6° *L'Histoire.* — Il faut aussi connaître et aimer la patrie dans le passé et dans le présent, mais ne pas faire de cette étude un pur exercice de mémoire avec ces abrégés composés sans art, où l'on accumule des dates insignifiantes, où des faits très secondaires occupent presque la même place que les plus importants. La vie de la nation, ses luttes pénibles et glorieuses à travers

les siècles, ses institutions et leurs transformations successives sous le mouvement des idées, ne sont pas là. Et
quels résultats obtient-on ? On fait apprendre des mots
qui ne laissent nulle trace dans l'esprit ; on forme une
génération étrangère aux sciences historique et géographique, qu'un grand revers abat, parce qu'elle n'a jamais
compris tous les trésors de puissance et de vie jetés par
la Providence dans le sein de la France, et qui se révèlent toujours, avec une promptitude merveilleuse, quand
la nation est rendue à son génie, non corrompue par les
passions.

Dans le système d'enseignement que je vous signale, la
moralité de l'histoire manque aussi. A chacun cependant
selon ses œuvres. Pour les auteurs de nos désastres,
pour les ambitieux, les ignorants et les hommes légers
d'esprit qui ont poussé la France vers les abîmes, pour
les corrupteurs qui se sont engraissés de nos ruines
morales, le mépris, la honte, des stigmates ineffaçables.
Mais aussi des éloges, une admiration vraie pour les
grands cœurs qui ont soutenu la patrie par leur dévouement, qui l'ont glorifiée par leurs vertus et relevée de
ses ruines, ou qui, dans des conditions modestes, ont
semé des bienfaits sur leur passage. Ici, des modèles
pour tous les âges ; là, les justes sévérités de l'histoire
qui flétrit le coupable. Par des récits émouvants qui
nous rappellent les désastres ou les gloires de la patrie,
qui nous montrent les auteurs de ses ruines ou ses ven-
geurs, qui flagellent le crime ou exaltent le courage,
l'âme de l'enfant se trempe pour le bien ; des citoyens
utiles et des hommes d'une moralité éprouvée se préparent.

C'est encore aux devoirs des élèves que sera demandé
un reflet des leçons du maître.

7° *Enseignement agricole.* —Il est de bon ton aujourd'hui de faire de l'agriculture. On en parle pour se poser et, dans la ferveur d'un zèle qui sacrifie à la mode, on en veut mettre partout. Il y a même des tendances à tout absorber en elle. Elles sont impérieuses, et, pour y obéir, on nous demande l'impossible. Soyons plus calmes et n'ayons pas la prétention d'improviser, dans nos classes, des agriculteurs ; il n'y a pas de théories qui apprennent, comme l'usage, à tracer un sillon. Et puis, ne préparons pas ces petits citadins musqués dont les mains sont trop blanches pour toucher le fumier ou trop faibles pour remuer la bêche. Mais tâchons de mettre de la vigueur dans les membres de nos élèves, de leur ménager des mouvements propres à la développer et de les habituer à lutter contre la nature. Ce sera faire tout à la fois leur éducation physique et agricole, car à l'énergie musculaire nous joindrons ces notions simples et pratiques qui seront leur guide et leur force dans les conditions les plus diverses. Qu'une lecture intelligente, une dictée, une promenade fixent l'attention de vos enfants ; et, afin de les habituer à s'entendre avec eux-mêmes, à mettre de l'ordre dans leurs idées, demandez un devoir écrit. Vous le corrigerez avec soin ; les inexactitudes seront signalées, les lacunes comblées ; l'élève s'enrichira de votre expérience, et ses cahiers deviendront les apologistes de votre enseignement.

Les Institutrices ont aussi d'importantes leçons à donner ; c'est à elles à contribuer au développement, dans le ménage, de quelques-unes des industries les plus riches, des localités où elles exercent. Qu'elles s'inspirent de l'enseignement des maîtres pour le faire passer dans les cahiers et dans l'esprit de leurs élèves. Des dictées faites avec discernement, des registres de comptabilité bien tenus sont des trésors que les jeunes filles sauront exploiter. Elles répandront la science autour d'elles, elles introduiront la régularité dans le ménage et la prospérité du pays croîtra. Nous engageons les institutrices à préparer quelques-uns de ces bons cahiers où l'on sera heureux de reconnaître l'esprit d'ordre de la femme et son génie d'économie. Dans leur travail, on aimera à récompenser la direction intelligente du présent, et l'on saluera d'avance les progrès de l'avenir.

8° *Dessin*. — Vous vous rappelez les conseils de nos juges : il faut apporter une grande attention dans le choix des modèles, laisser de côté ceux qui sont trop compliqués, agréables peut-être à l'œil du vulgaire, mais sans application et sans valeur artistique. Il y a pour cette partie de l'enseignement, comme pour tout le reste, une gradation à suivre ; le dessin a son alphabet ; que l'élève commence par en apprendre les lettres. Il le fera en copiant d'abord des dessins de maîtres. Jamais de mauvais modèles, au début surtout ; ils fausseraient le goût ; les bons l'éveillent et l'épurent. N'abusez pourtant pas du dessin de figure ou d'ornement, encore moins de celui d'architecture ou de machine.

N'oublions jamais une critique que nous avons lue dans un de nos journaux pédagogiques :

« Je me rappelle avoir dessiné, avec un ami, une vue du château de Versailles, avec le Tapis vert et les statues, et les grands arbres de la place d'Armes où convergent les trois avenues. Ce fut une *copie* laborieuse de six mois. Mise en train, il fallut la finir ; mais vraiment nous aurions pu faire quelque chose de plus utile ! J'ai aussi conservé depuis longtemps de belles machines au lavis et des façades monumentales que je croyais, à quinze ans, des chefs-d'œuvre. Aujourd'hui, pour que mon fils ne les imite pas, j'en ai fait des couvertures à mes gros livres. (1)

Oui, des *couvertures* pour de gros livres! C'est bien là le seul parti que l'on puisse tirer de ces exercices mal compris, sans aucune utilité pratique pour les enfants qui fréquentent nos écoles primaires. Avant tout le dessin linéaire et d'ornement; toujours des exercices d'utilité réelle.

9° *Travaux à l'aiguille.* — C'est le même caractère que l'on demande aux travaux manuels des jeunes filles. Il ne leur est cependant pas interdit de joindre l'utile à l'agréable, et des tricots, des reprises de tout genre, des ourlets et des remmaillages, de conduire leurs élèves vers ce que l'aiguille peut offrir de plus fin et de plus délicat. C'est préparer la jeune fille à mettre de l'ordre et de la propreté dans les ménages les plus modestes. Mais vous vivez aussi à côté d'industries prospères qu'il ne faut pas laisser tomber. Prouvons que nous entendons le progrès dans son véritable sens; donnons à la famille de bonnes ménagères, à l'art des ouvrières qui comprennent et répondent à ses exigences par leur habilité.

10° *Musique.* — Je voudrais enfin une place, dans les cahiers des élèves, pour des chants patriotiques et moraux. Il importe tant de faire goûter dans nos écoles la belle musique! Avec elle, entreraient pour toujours dans l'esprit et la mémoire des enfants, des idées élevées,

____

(1) *Journal des Instituteurs*, année 1877, n° 43

8.

des chants nationaux qui chasseraient de nos rues et de nos places publiques les airs obscènes, les clameurs incohérentes et l'appel aux mauvaises passions. En développant, dès le jeune âge, le sens musical de nos enfants, nous l'ouvrirons à un courant qui les portera vers le bien.

A l'enseignement que nous venons d'esquisser, nous chercherons un couronnement dans l'idée morale. Là est la force la plus grande de la France. Nous la voudrons pour notre patrie; ce sera prouver que nous l'aimons. La propager est aussi la mission la plus belle que nous puissions remplir. A qui visitera nos classes montrons-la vivante dans le cœur de nos enfants.

XIII

Un caractère particulier du cahier scolaire.

Je voudrais signaler ici un caractère particulier que devrait, ce me semble, présenter le cahier scolaire. Il serait, si je ne me trompe, avantageux, important de lui donner, de donner aux devoirs un cachet propre à les faire sortir de la marche ordinaire, qui a bien son mérite à cause de la succession des exercices qui atteste l'esprit de méthode, mais dans laquelle, peut-être, on ne sent pas toujours l'enfant qui commence à penser, à réfléchir, à comparer et à juger déjà.

Apprendre aux enfants à observer, à raisonner, à se former une idée exacte des choses, est une nécessité qui s'impose. D'ailleurs, ce procédé répond si bien à leur nature, aux *pourquoi* dont ils nous poursuivent :

> Voulant savoir comment chaque chose se nomme,
> Et questionnant tout, un mur autant qu'un homme.
> ...Penchant leurs yeux vers l'ombre d'ici-bas,
> Vers le secret de tout entr'ouvert sous leurs pas. (1)

Sans doute, les maîtres et les maîtresses se gardent bien de ne pas leur donner satisfaction ; mais il faut qu'on le

1) V. Hugo, *Les Enfants.*

voie, qu'on le sente ; le seul témoignage qu'ils puissent produire, ce sont les cahiers de leurs élèves.

Que l'on voie quels enfants ont écrit ces devoirs. Mais comment le reconnaître, si, parmi d'autres compositions, qui seront les mêmes partout, on ne retrouve pas quelques travaux ayant trait au département qu'ils habitent, à ses plaines, à ses vallées, à ses cultures, à ses industries, à ses produits, aux ressources qu'il présente? Pourquoi dans telles plaines, le blé, le colza, les betteraves? Pourquoi ailleurs, les bœufs gras qui couvrent nos marchés? Pourquoi ces beurres si délicats, qui appellent des millions dans telles contrées; le vin, l'oranger, le mûrier, etc., autres sources de richesses.

L'enfant l'aura compris, et il le prouvera par ses petites compositions, par ses petits résumés. Il exposera ce qui frappe ses regards, et il le fera à sa manière.

Les leçons de choses trouveront aussi leur place dans les cahiers, puisqu'elles ont leur place dans l'enseignement. Sans doute, elles ne pourront pas être très nombreuses: mais elles ne seront pas absentes. Elles seront simples surtout, bien conduites, portant seulement sur ce que les enfants peuvent voir et comprendre : on y parlera, par exemple, des vêtements, des aliments, on y exposera, dans le récit de promenades scolaires, une ou plusieurs de nos industries. Si je vous disais: il nous faut des leçons sur quelques-uns des phénomènes physiques qui pressent l'enfance de tous côtés, on se récrierait. Voyez cependant ce que font, sous ce rapport les enfants américains.

Pour l'histoire, n'y a-t-il pas moyen, outre le récit des faits généraux, d'introduire de petites biographies des grands hommes qui ont illustré l'époque que l'on étudie?

On n'oubliera pas surtout ceux qui ont fait la gloire du département, s'il s'en trouve qui aient vécu à cette époque.

L'enseignement de la géographie sera, comme tout le reste, conforme aux programmes. Mais la géographie du département y occupera le premier rang, sans que, toutefois, celle de la France et des diverses parties du monde soit négligée. On se gardera bien de sacrifier à une nomenclature de noms d'îles, de caps, de villes, etc., l'étude des richesses, des industries, du commerce des contrées qui fixent l'attention des élèves. Pendant les leçons, des cartes seront toujours sous leurs regards, et ils les reproduiront sur les cahiers, mais avec des dimensions qui exclueront le calque.

Il est regrettable que toutes les leçons données ne passent pas dans les cahiers : on suivrait mieux le mouvement de la classe et des idées. Mais si ce procédé est impossible ; n'y aurait-il pas moyen d'y suppléer? Que les enfants résument eux-mêmes, à la fin de chaque mois, ce qui leur a été enseigné sur telle ou telle matière. Qu'ils cherchent à se rendre compte de la route parcourue et de la méthode suivie. A la fin du trimestre, mêmes résumés, mais plus étendus. Qu'ils s'essayent à reproduire, avec leur style simple, naturel, ce qui les aura frappés davantage. On sentira bien, sous leur plume, la direction donnée par le maître ou la maîtresse ; mais surtout on sentira l'âme de l'enfant qui s'est approprié cet enseignement. On verra la méthode suivie et les résultats obtenus. Et ces travaux des élèves feront on ne peut mieux ressortir le véritable talent d'exposition d'un instituteur ou d'une institutrice.

Il n'importe pas moins de montrer que l'enseignement primaire poursuit un but sérieux. Si la direction morale en paraissait absente, ce serait une déplorable lacune. Cette direction devra paraître dans l'ensemble des devoirs.

Mais afin qu'on sache bien que l'on s'occupe de former les enfants pour la vie réelle, qu'il y ait des leçons particulières, résumées par les enfants, faites par les enfants ce qui serait mieux encore, — reproduisant les conseils pratiques du maître ou de la maîtresse. Des leçons faites par les enfants! Mais oui; nous en trouvons dans les *Devoirs des Ecoliers américains.* C'est le meilleur moyen de prouver qu'ils ont profité de l'enseignement qui leur a été donné, que cet enseignement n'est pas resté chez eux à l'état de lettre morte, mais qu'il a déjà produit ses fruits et qu'il en produira de nouveaux dans l'avenir.

Une jeune fille qui aura reçu, dès l'école, des notions sérieuses sur la tenue du ménage, sur l'économie, la comptabilité, ne sera-t-elle pas apte d'abord à seconder sa mère, et ensuite à diriger elle-même sa maison ? Elle aura appris également à se rendre habile dans ces travaux de couture qu'il n'est pas permis à une femme d'ignorer. Il faut donc présenter des ouvrages utiles, et, s'il est permis d'y joindre des travaux qui ont peut-être quelque chose de plus flatteur pour l'œil, qu'ils soient toujours placés au second rang.

Tout doit être pratique dans les leçons, et cela dès le début; tout, dans les devoirs, dans les ouvrages manuels, reproduira ce côté de l'enseignement.

Mais comment, dira-t-on, faire entrer dans l'esprit des plus jeunes enfants des idées aussi sérieuses ?

N'avons-nous pas à notre disposition des moyens de les intéresser sûrement? Les enfants aiment le chant. Qu'on fasse pénétrer jusqu'à leur âme, par quelques couplets bien choisis, des sentiments moraux et patriotiques. Ces chants, appris dès l'enfance, ne s'oublieront pas, et il en restera dans l'esprit et dans le cœur de ces enfants qui grandiront, une influence qui se fera heureusement sentir dans la suite de leur vie. Les cahiers renfermeront donc quelques petits chants.

Les enfants aiment les images. C'est là un moyen qu'il ne faut pas négliger. Avec ces petites gravures, que d'idées ne peut-on point suggérer aux enfants, ou plutôt ne peut-on point éveiller dans leur esprit! Or, il est beaucoup plus utile, — si ce n'est pas plus facile, — de faire trouver aux enfants des idées que de leur imposer celles qu'on a. Que l'enfant vive de sa vie propre et qu'elle se développe en quelque sorte spontanément.

Résumons... Ce que nous devons présenter dans nos cahiers, ce ne sont pas seulement des devoirs choisis avec soin ; il y a nécessité de montrer surtout le but que nous poursuivons, les moyens que nous employons pour l'atteindre et les résultats obtenus. Que notre classe y paraisse avec la puissance dont nous disposons pour faire l'éducation intellectuelle, morale et religieuse de l'enfance, pour lui apprendre à observer, à bien conduire son jugement et sa volonté. Que l'ensemble des devoirs et leur choix présentent un caractère propre à faire bien comprendre qu'ils ont dû être faits par tels enfants de tel département. C'est le leur ; c'est là qu'ils vivent. Qu'ils nous le montrent tel que le font leurs pères, avec les espérances qu'ils y attachent eux-mêmes.

XIV

Influence morale des Instituteurs et des Institutrices sur l'enfance.

I.

Un moraliste, M. Shairp, des universités de Saint-André et d'Oxford, disait un jour à des instituteurs, dans une réunion de l'Institut écossais d'éducation :

« Un des points les plus importants de votre tâche, c'est d'agir sur le caractère, les dispositions, les manières des enfants, afin d'élever, de purifier tout leur être social et moral. Ne dites pas que c'est là l'œuvre des parents. Nous savons que, dans la grande majorité des cas, les parents ne s'en occupent point et que le plus souvent ils sont absolument incapables de l'essayer, à plus forte raison de l'accomplir. Toutes les classes de la société peuvent collaborer avec vous pour cette partie de l'éducation, mais personne n'est à même d'exercer comme vous une heureuse influence sur les enfants et même sur les parents. Si les instituteurs prenaient à cœur cette tâche, ils pourraient, avec le temps, régénérer toute la société écossaise. La première chose nécessaire pour cela, c'est d'étendre aux autres l'intérêt que l'on se porte à soi-même ».

II.

Qui ne comprend l'importance et l'étendue de ces remarques? Il s'agit de régénérer une société. Voilà le problème. Pour le résoudre, point d'autres moyens que ceux-ci : « élever et purifier tout l'être social et moral des enfants ».

Partout où une œuvre semblable doit être entreprise, la marche à suivre est la même. Or, M. Shairp juge qu'en Ecosse, « dans la majorité des cas, les parents ne s'en occupent pas, et que le plus souvent ils sont absolument incapables de l'essayer, et à plus forte raison de l'accomplir ».

En France, « dans la majorité des cas », la famille ne montre-t-elle pas pour cette œuvre une indifférence égale? Ne serait-elle pas aussi incapable de l'accomplir? Il est triste d'avoir à le constater, les mœurs ne montent pas en dignité dans un grand nombre de foyers domestiques ; l'oubli du sens moral qui ne se manifestait jadis que dans les grandes villes, tend à envahir les campagnes. On ne respecte plus l'enfance; *l'éducation domestique* manque le plus souvent.

III.

Que faire pour l'œuvre moralisatrice? Appeler le concours des instituteurs et des institutrices. «Personne n'est plus à même d'exercer une heureuse influence sur les enfants ».

Pour le faire, ils ont l'*exemple* d'abord. C'est le précepte en action. Les enfants sont imitateurs, au moral comme au physique, pour le mal comme pour le bien. Qu'ils trouvent dans la classe l'exemple d'une belle vie, — vie pure, digne, noble, désintéressée, vie pleine de foi et de résignation chrétienne, ils seront heureusement émus chaque jour. L'impression reçue grandira avec eux, et leur nature se tournera vers le bien ; elle l'admirera, elle l'aimera, et il s'y attachera pour toujours.

À l'exemple joignez la *surveillance*. Plus que jamais l'instituteur et l'institutrice doivent étudier la situation morale des enfants qui fréquentent la classe, « leurs dispositions, leur caractère », dit M. Shairp. C'est l'enseignement que nous donnent les pédagogues les plus autorisés. Voyez ce que faisait Socrate. Avec quelle sollicitude ses regards s'arrêtaient sur les jeunes gens qui se pressaient à ses côtés ! Comme il s'efforçait de descendre au fond de leur âme pour y découvrir leurs tendances, et leur donner les conseils qu'elles commandaient ! (1)

Inutile de dire que tout nous révèle la nature des enfants : leur démarche et leur attitude générale, leurs jeux, leurs regards et leur physionomie. Il s'agit d'observer, quand la classe commence ; avec un peu de perspicacité, on saisit les dispositions de leur corps et de leur âme.

Mais il ne suffit pas que la surveillance s'exerce à

______

(1) V. *Les Maîtres de l'Enfance.* — Socrate, p. 20-21, 28-29, 37-59.

l'entrée de la classe et dans son sein. Qui ne sait combien peut être dangereux pour ces enfants le trajet qu'ils ont à faire, chaque jour, afin de se rendre à l'école et de rentrer ensuite dans la famille ? S'ils se sentent seuls, abandonnés à eux-mêmes, sans un regard qui les accompagne, des entretiens légers peuvent avoir lieu, des actes malheureux, se produire.

Nous avons à protéger l'enfance contre elle-même, contre le mal et ses entraînements. Que notre action soit incessante, et qu'elle s'exerce partout : en classe, aux abords de l'école, sur le chemin qui y conduit, dans la pensée, dans le cœur des enfants, et pourquoi ne pas le dire ? dans la famille, d'où sortent souvent de tristes exemples.

Mais, si nous voulons que notre surveillance soit acceptée, utile, sachons la faire aimer en montrant à nos élèves une *affection* réelle (1). L'éducation bien conduite est le prolongement de l'œuvre de la famille qui comprend ses devoirs ; c'est une véritable paternité ; il faut y mettre beaucoup de cœur et d'âme. A ces deux puissances ajoutez une direction éminemment morale, et, tout en cultivant l'intelligence de l'enfant, vous formerez en lui « l'être social ».

IV.

Cet « être social », éclairé et fort, comprenant le devoir et toujours prêt à s'y soumettre, il le faut, ce semble plus que jamais. Car il y a, dans notre société, un courant qui s'élargit chaque jour, qui monte et qui

(1) V. *Les Maîtres de l'Enfance.* — Socrate, p. 42-43.

entraîne la nation. C'est le courant démocratique. Il déplace de plus en plus les bases du pouvoir pour les mettre entre les mains de tous. Il faut donc travailler à rendre ces mains fortes et prévoyantes, afin qu'elles ne s'égarent pas dans les milieux où s'élèvent les tempêtes et tombe la foudre.

Il y a des hommes qui redoutent cette transformation. Il en est d'autres qui, les regards fixés sur l'avenir, la pensée se confiant, sans trembler, en la loi providentielle qui préside aux développements des nations, espèrent et se placent, pour le diriger, à la tête du mouvement des idées, c'est une grande mission. Il faut en avoir le courage, s'oublier dans les débris de son être que l'on sent tomber à chaque instant, et s'armer de toute son énergie pour monter vers les hauteurs où la Providence appelle les individus et les peuples. On ne sera pas toujours compris, mais qu'importe ? Aujourd'hui on relève une âme; demain on en saisira deux, quatre ; puis, le nombre voulu par la Providence. On se trouvera ensuite jeté par elle sur le bord de sa tombe. On y arrivera l'âme plus recueillie, plus riche, après l'accomplissement du devoir, plus ouverte du côté des grandes espérances de l'éternité.

Ce ne sont pas ces espérances qui feront naître des commotions au sein des masses. On les excite, quand on sort du sein des grandes et pures doctrines. Il faut souvent plaindre les âmes qui marchent en dehors de cette sphère. Il y a de bons mouvements en elles ; la force leur manque parfois pour en suivre la direction. .

V.

C'est à nous à les tremper vigoureusement. Nous les prenons à toutes les époques de la vie : dans l'enfance et dans l'adolescence, aux jours de l'âge mûr et quelquefois de la vieillesse. Une grande puissance nous est remise ; portons-la, comme doivent le faire les hommes et les femmes qui ont une véritable action sur les âmes.

Jamais ils ne s'exagèrent leur mission. Au début de la vie, le premier âge se réfugie sur leur sein. Quand la couche est pure, digne et libre des soucis de la famille, nous le voyons reposer là avec une quiétude dans laquelle s'effacent les préoccupations de l'avenir.

Si pour le père et la mère l'existence est dure, pleine de privations, une Providence adoptive se présente, celle de la salle d'asile.

Que je voudrais voir entre ses bras tous les enfants déshérités des biens de la terre ! Jamais on ne pénètre dans ces centres où la vie se prodigue dans ce qu'elle a de plus pur, sans que le cœur ait une de ces émotions que l'on aimerait à conserver toujours, parce qu'elle est riche d'un de ces souffles du ciel qui communique au premier âge sa fraîcheur.

Ce que les directrices déposent dans leurs cœurs de tendances heureuses et de bons sentiments, Dieu seul le sait, car son regard ne subit pas une défaillance ; nous le comprenons un peu et nous en sommes émus, quand nous enlevons, mais trop rarement, quelques instants à d'autres préoccupations pour nous approcher de ces salles ouverts au premier âge. Il faudrait y être plus souvent par la pensée et par le cœur; l'avenir est là. L'enfant sortira de ces retraites, tout embaumé de la charité qui l'a réchauffé dans ses bras, et jamais le sillon ouvert dans ses souvenirs ne sera trop profond.

VI

Il s'élargira au sein de l'école primaire. Elle est bien humble partout. Je le dis, non pas pour exciter des sentiments qui tiennent du découragement, mais pour en faire mieux comprendre la dignité. J'ai toujours vu l'épreuve apporter au bien le fleuron le plus brillant de sa couronne. Cette année, vous avez réuni, sous votre direction, des milliers d'enfants. C'est l'espérance de la famille, et, dans une certaine mesure, de la patrie. Dans quelques années, une portion du pouvoir passera dans ces mains auxquelles vous apprenez aujourd'hui à tenir la plume; ces petites intelligences s'arrêteront en présence des idées qui pèseront sur les destinées de la France; ces volontés naissantes prendront part à un grand combat, et elles en sortiront vaincues ou triomphantes; ces cœurs, qu'une larme bénie ouvre maintenant à tout ce qui est pur, s'abîmeront dans une chute ou monteront à toutes les hauteurs du dévouement. Le flot démocratique dont je vous ai parlé sera là pour nous entraîner vers la décadence ou vers des gloires nouvelles. Si mes vœux se réalisent, des pages triomphantes s'ajouteront à celles de nos pères. Mais il faut, pour arriver là, préparer la génération qui s'élève et tenir hautes sa pensée et sa volonté.

Il ne s'agit pas d'exagérer la mission des instituteurs

et des institutrices. On l'a fait quelquefois, je les aime trop pour les exposer à des tentations malheureuses auxquelles succombent parfois les natures les meilleures. L'école primaire, je l'ai dit, doit être humble dans sa dignité ; sa force est là. Si le lycée contribue plus immédiatement à former les hommes, elle les prépare en portant au sein des populations ces trois clefs simples et sublimes qui font entrer tant de trésors dans les âmes : lire, écrire et compter. Où son action ne s'exerce pas, on voit trop souvent l'enfance se flétrir comme le fruit auquel il manque une sève vigoureuse. Il fallait développer en elle le sentiment du devoir, lui donner une révélation nette et ferme de son âme et de Dieu, la faire grandir dans l'amour de la famille et de la patrie, lui montrer combien l'homme porte de puissance dans ses bras et dans sa volonté pour se créer une existence digne, honorée, qui ne dépende que d'elle-même. Mais on a laissé l'ignorance appesantir, sur des facultés susceptibles d'être riches, sa main qui dessèche, et le vice, ne trouvant pour l'arrêter ni la pensée de Dieu, ni l'autorité du devoir, ni le respect de soi-même, s'est installé dans ces natures. Ce qu'il y a fait, apprenons-le d'un poète, peintre éloquent du passage du mal au fond de l'âme humaine :

> « Le cœur de l'homme vierge est un vase profond ;
> Lorsque la première eau qu'on y verse est impure,
> La mer y passerait sans laver la souillure !
> Car l'abîme est immense et la tache est au fond...» (1).

Ces taches, elles nous frappent trop souvent dans les

(1) Alfred de Musset.

jeunes êtres qui, privés du foyer domestique où l'autorité paternelle porte dignement la couronne, nous offrent, sur nos places publiques, le spectacle du désœuvrement, de l'ignorance qui s'affiche en haillons, du mendiant de dix ans qui ferait repousser la charité, si l'on ne se sentait au cœur une inspiration du ciel, et qui porte à trembler en présence de la main qui aura plus tard à déposer un vote dans une urne. Mais ne soyons pas comme le poète, ne désespérons jamais. Il y a des eaux d'en haut qui lavent toute souillure ; il y a des souffles qui relèvent toute tête languissante et remettent la vie au cœur qui l'avait perdue.

Mesdames les Institutrices, Messieurs les Instituteurs, marchez hardiment à la tête de votre armée d'enfants. C'est l'armée de la paix et ce sera la force de l'avenir ; c'est l'espoir de la famille et ce sera, je l'espère, la gloire de la patrie. Soyez le grand fleuve qui coule calme et majestueux, emporte le limon laissé parfois sur ses rives par les orages, répand partout la fécondité, et, après s'être mêlé aux flots de l'océan, remonte vers les régions supérieures pour y puiser une vie nouvelle. Dans ces régions, vous serez plus près de la vérité ; vous redescendrez vers l'enfance pour ajouter la chaleur que l'on trouve en elle et qui fait tout germer et mûrir.

Ou, pour mettre plus de simplicité dans l'expression, aimons l'enfance ; cherchons-la partout ; allons à son intelligence avec la vérité, à son cœur avec la délicatesse du sentiment, à sa volonté avec une puissance trempée par l'habitude du devoir. Rien ne nous résistera. Nous marcherons comme les grandes eaux sur lesquelles plane toujours pour les diriger la voix de Dieu: *Vox Domini super aquas.* Nous serons à l'école le lit du fleuve, et le nautonnier qui porte nos âmes tiendra le gouvernail pour que nous abordions au rivage.

Vous l'avez fait, mes amis. (1) « Voilà pourquoi nous sommes ici pour mettre des couronnes sur quelques fronts. Ces couronnes ne seront pas nombreuses comme l'est le mérite.

Les succès de quarante maîtres vont être signalés; c'est peu, en comparaison des efforts tentés et des résultats obtenus. Mais regardez du côté de l'avenir, il vous sourit. Déjà nous savons tous le mouvement imprimé aux idées par un grand nombre d'entre vous : 317 écoles ont spontanément pris part aux compositions Vous nous y avez envoyé 736 filles et 1,079 garçons. Tous ces candidats y ont occupé un bon rang. Ils y apportaient un reflet de votre direction, un jugement qui se forme, des sentiments que l'on aime, une intelligence qui se plie aux exigences des règles de la langue maternelle.

VII.

« Notre Exposition d'I*** a surtout fait ressortir ces heureux côtés de l'enseignement primaire. Là, dans des pages parfaitement écrites, dans des dessins bien conduits, nous avons remarqué la légèreté et l'habileté de la main, la sûreté du regard, des esprits qui commencent à s'entendre avec des problèmes de tout genre : arithmétique, histoire, géographie, etc. — On a été partout frappé de vos efforts pour entrer dans la voie qui vous avait été tracée.

(1) Extrait d'une allocution prononcée dans une distribution de prix, à l'occasion des cours d'adultes et d'une exposition scolaire.

127 écoles de garçons, 7 mixtes, 119 spéciales aux filles étaient là. Combien elles avaient envoyé de travaux, je ne puis le dire. Combien de doigts, d'intelligences et de cœurs avaient animé les tissus les plus grossiers comme les plus délicats, rempli des pages entières qui attachaient les visiteurs à nos enfants et à leurs maîtres, l'*Association normande* l'a proclamé. Elle s'est montrée généreuse, comme on sait l'être sous ce ciel normand, quand on veut récompenser un progrès. Je n'oublierai pas qu'elle a surtout réservé ses sympathies pour un des côtés les plus élevés de votre Exposition : la propreté, l'ordre, la manifestation de ces qualités qui se traduisent dans la famille, par l'économie ; dans l'individu, par le respect de tout ce qui est bien ; dans la patrie, par la passion de donner à l'intelligence et au cœur leurs développements les plus féconds et les plus durables. Vous allez, Messieurs, récompenser la direction matérielle, mais surtout l'influence de l'éducation.

VIII.

« Après la classe du jour, nous cherchons à la porter, le soir, quand il reste encore quelques forces, dans les cours d'adultes.

« Je sais les deux courants qui marchent vers ces réunions en faveur des adultes. Je ne veux pas signaler celui qui, sans les battre ouvertement en brèche, semblerait porté à leur mesurer avec une parcimonie trop grande le souffle, la chaleur et la vie. Il sera, je l'espère, englouti dans un autre plus largement ouvert du côté aspirateur du siècle. C'est le seul châtiment que je lui désire ; il y a des tombes d'où l'on sort le troisième jour, plein d'une vie plus riche, et je voudrais y faire passer tous nos ennemis. Les bords de l'autre courant se sont élargis, et il a jeté de sa fécondité dans 450 communes, sur 6,419 adultes.

« Il n'a pas, il est vrai, entraîné dans son sein toutes les âmes qui devaient y entrer. Dans un concours public, il y a deux jours, je voyais un noble vieillard couronné par une Société d'agriculture. Il recevait d'elle une médaille méritée par de longs services. Quand il a dû tracer son nom dans les archives de la Société, sa main a tremblé et s'est déclarée inhabile. Elle pouvait ouvrir un sillon et lui confier les semences les meilleures. Nous avons gémi de trouver une intelligence incomplète et de voir la main qui dirigeait avec tant de sûreté le soc de la charrue, ne pouvoir conduire une plume. Oh ! sans doute, l'important est de tenir son intelligence et son cœur droits dans la pratique de la vie ; mais marchera-t-on moins honorablement parce que l'on usera de toutes les facultés données par la Providence ?

« Messieurs les Instituteurs et Mesdames les Institutrices, soyez toujours à l'œuvre. Une force est enchaînée, unissez-vous pour en briser les liens. Vous l'avez fait avec succès cette année, et chaque jour s'étend le cercle de votre influence. Car on ne vient plus seulement à vous pour se défaire d'une ignorance qui pèse ; on vous demande de porter plus haut l'esprit et le cœur. On comprend que les conditions d'existence changent chaque jour ; le commerce, l'industrie, le travail manuel lui-même sont entraînés dans une voie où il faut savoir beaucoup pour progresser et triompher de la matière. Donnez à ceux qui vous demandent ; c'est la fortune de la France qui aspire à se développer. Et, pour être prodigues, ajoutez chaque jour aux trésors que vous possédez déjà ; dans le domaine de la science, un point d'arrêt serait la stérilité.

« Les cours d'adultes ont accompli leur première phase, en luttant contre l'ignorance. Les statistiques prouvent qu'ils l'ont fait glorieusement, puisque partout les esprits attardés ont monté de quelques degrés. Pour ces cours s'ouvrent de nouvelles conditions d'existence. Dans la voie du progrès où ils ont introduit les populations, il n'y a pas de halte que l'on puisse dire la dernière, mais toujours un nouveau degré qu'il faut franchir. C'est à la science à donner l'impulsion ; plus elle a fait, plus elle doit tenter. Voyez le point où vous avez conduit les intelligences, et dites en regardant plus haut : je vois une autre sphère, il faut y entrer. Je vous convie, je le sais, à des études plus étendues et plus fortes. Je ne puis vous donner une preuve meilleure des sentiments qui m'attachent à vous : votre intelligence grandira dans le travail, et c'est ce développement que nous devons appeler de tous nos vœux, afin d'avoir plus de trésors à répandre autour de nous.

« Ici, point de théories dont l'imagination fait tous les frais. Je voudrais une science pratique qui ait une solution pour tous les problèmes de la vie des champs, qui tienne l'intelligence plus ferme en présence des difficultés de l'existence, le cœur plus attaché au devoir parce qu'il en comprendra mieux la sainteté, la volonté toujours à la hauteur des sacrifices dans lesquels on saisit les couronnes les plus brillantes.

« Et, vous le comprenez, je dois vouloir cette science pour la femme comme pour l'homme. Aussi, Mesdames les Institutrices, je compte sur vous. Déjà vous avez payé votre part de la dette commune, celle du dévouement, et vous l'avez fait, comme vos collègues les instituteurs, sans compter avec les parties les plus précieuses de vous-mêmes : les forces physiques, l'intelligence et le cœur. Grand nombre d'adultes ont appris près de vous ce qui semblera peut-être simple à quelques esprits, et ce qui est grand pour qui comprend les conditions de l'existence au sein de nos campagnes, à savoir : la lecture, l'écriture, le calcul et surtout la couture, des habitudes d'ordre et d'économie, la richesse des ménages. Vous avez su, et c'est votre triomphe, tandis que l'aiguille rapprochait les fils épars d'une toile grossière, jeter dans les cœurs une pensée, un regard qui les ont élevés, purifiés, rendus meilleurs à la famille. Vous les avez habitués à chercher, à l'ombre de l'école, non pas les distractions qui donnent le vertige, mais la calme possession de soi-même, la joie dans le respect de sa dignité, une force plus grande pour se dévouer et répandre autour de soi le bonheur.

Continuez, Mesdames les Institutrices ; entrez plus nombreuses dans cette sainte croisade ; mettez partout l'intelligence de la femme à la hauteur des inspirations les meilleures de son cœur : vous fortifierez la famille.

IX

« J'ai parlé des croisades. Elles s'organisèrent autrefois pour délivrer un tombeau ; marchons à une autre conquête, celle des âmes. Avec nous seront toutes les forces vives de la terre et du ciel. Nous en augmenterons même le nombre, car partout, à nos côtés, nous formerons « l'être social et moral », que M. Shairp demande pour l'Écosse, sa patrie. En rappelant vos succès dans

la salle d'asile, l'école primaire et les cours d'adultes,
j'ai montré « combien vous prenez à cœur votre tâche »,
et comment peut s'exercer sur l'enfance une haute influence morale. Courage! Vous aurez des imitateurs;
ce sera un des triomphes de l'instruction primaire.
Vous l'aimez trop, et vous aimez trop votre patrie, pour
ne pas le provoquer.

XV

Du Lycée et de l'influence de son enseignement sur le développement intellectuel et moral de la jeunesse. — Allocution prononcée le jour d'une distribution de prix.

Jeunes Elèves,

Le présent vous sourit avec ses couronnes et surtout avec les vacances que l'on vient de si bien chanter. Pour nous, quand nous regardons en vous et dans ce présent si prompt à fuir, nous voyons s'avancer votre avenir. Nous ne pouvons que vous dire : « Préparez-vous à l'honorer; recueillez vos pensées, vos sentiments et vos actes; jetez-y dès maintenant de la fécondité, de la pureté, de la force, afin que le regard qui les contemplera puisse présager de belles destinées. »

Quelques-unes, mais elles sont rares, tombent comme toutes formées des mains de la Providence. Du moment où elles se révèlent, elles offrent au monde, dans un magnifique ensemble, l'énergie de la volonté, la sûreté des prévisions, la patience du but, un calme inaltérable dans la bonne et la mauvaise fortune.

A des degrés inférieurs, mais glorieux encore, occupent une large place les âmes auxquelles il a suffi « d'un peu de lumière et d'espace pour se fortifier, s'étendre, et grandir « sous l'action si puissante de l'instruction publique » (1). Car ici, dans le lycée, se prépare l'avenir brillant ou sombre, fécond ou stérile, de l'individu, de la famille et de la société. Aussi voyez-vous, quand vos travaux se suspendent, le pays et vos familles se presser à vos fêtes. Ils sont là, attentifs, souriants, debout devant vous, comme les représentants des idées les plus hautes et des intérêts les plus grands ; là, pour pressentir vos destinées, saluer des espérances, les élever, s'ils le peuvent, radieuses au-dessus des craintes ; là, pour unir les cœurs dans un même tressaillement d'amour et rattacher par un lien nouveau la génération naissante aux gloires de ses ancêtres.

Qui respecte dans l'enfance la dignité de l'homme, ne connaît pas de spectacle plus saisissant. Pour lui, la distribution des prix n'est qu'un accident, et cette fête devient sérieuse comme la vie elle-même (2). Ce qui le frappe, ce qui s'empare de sa pensée et l'entraîne vers l'Auteur de ce qui est grand et saint, c'est le rayonnement plus riche de ces jeunes intelligences après le travail, c'est l'épanouissement de ces cœurs qui déjà s'alimentent à la source d'un amour plus généreux et plus élevé, c'est la vigueur plus mâle de ces volontés qui se sont fortifiées dans la lutte. L'être intellectuel et moral a monté, je le trouve plus près de Dieu et je m'incline, car je sens plus vive, plus pénétrante et plus pure cette lumière qui descend des hauteurs pour former une auréole autour de son front, l'auréole du mérite et de la

____

(1) M. Duruy, *Discours prononcé à la distribution des prix du concours général*, 7 août 1865.

(2) *Ibid.*

vertu. Elle va jeter ses reflets sur vous surtout, jeunes vainqueurs que je ne puis nommer encore. Mais qu'importe à votre triomphe? Votre nom, c'est le drapeau du Lycée, et le soldat français ne confond-il pas toujours son nom avec celui du drapeau de sa patrie?

Oui, je m'incline, et non pas seulement en présence des vainqueurs, mais devant tous ces jeunes gens, exercés comme eux, sous une direction intelligente, à l'étude et à la discipline. Ils ne seront peut-être pas nommés aujourd'hui ; mais j'ai placé la main sur leur cœur, et leurs battements m'ont dit qu'ils seront demain parmi les vainqueurs, à la suite de leurs aînés. Savez-vous combien de fois ils ont déjà vaincu par la patience, par un rude labeur, en des combats achevés sans autres témoins que les regards de Dieu et ceux de leurs maîtres?

Je dis mal ces triomphes, mais vous en sentez la grandeur mieux que moi, mères qui m'écoutez, car de votre intelligence à celle de votre enfant, de votre cœur à son cœur, il y a eu pendant la lutte un courant qui l'a soutenu du meilleur de votre être.

Vous trouvez ici, jeunes élèves, pour entrer dans ce courant et l'alimenter sans cesse, le génie de l'enseignement et les trésors de la religion.

J'aime ce génie, sous sa double forme littéraire et scientifique. Ne nous offrent-ils pas, l'un et l'autre, ce qu'il y a de plus puissant dans la pensée qui conçoit, qui coordonne et produit; de plus perspicace dans le regard qui pénètre au sein de la nature pour établir sur elle sa domination?

Voyez donc la science moderne s'avancer au milieu des mondes, suspendre en quelque sorte le cours de leurs phénomènes, les forcer à se manifester dans les conditions les plus diverses, jusqu'à ce qu'ils laissent échapper le secret de leurs lois ; puis s'échauffer à ce spectacle, le décrire avec magnificence, et dites si, dans la contemplation de ces merveilles, dans celle des forces dont elle maîtrise l'emploi, des êtres dont elle met à nu l'organisation, l'intelligence ne trouve pas le sentiment de sa puissance, la volonté, une énergie plus grande, le cœur, un appel incessant à cette sainteté qui doit en faire, comme de la nature, le sanctuaire de la divinité ? Ils sont ici les maîtres éprouvés qui, quand ils vous ont appris à construire un raisonnement serré, à l'énoncer en termes corrects, à donner un tour nerveux à sa conclusion, deviennent vos guides vers ces régions où l'esprit plane dans des espaces infinis comme le Dieu dont il comprend mieux la grandeur.

Et l'éducation littéraire ? Mais tout n'est-il pas en elle lumière et force ? On ne s'approche pas, sans éprouver le besoin de s'élever en dignité, de ces trésors que nous ont légués les plus grands et les meilleurs des anciens et des modernes. Leur pensée est là, toute vivante dans un style qui ne vieillit jamais ; l'intelligence s'éclaire et s'assure à leur contact ; le caractère s'enrichit de leurs qualités morales ; l'âme s'élargit, se fortifie, apprend à se mieux diriger, en méditant avec eux sur les grandeurs et les misères de l'humanité. Quelle main plus sûre que celle de Tacite, de Bossuet, pour tracer le tableau des révolutions des empires, et nous faire descendre de la place publique en nous-mêmes, sur cet autre théâtre plus restreint où tout est aussi agitation et lutte, défaite ou triomphe ? Les Romains de Tite-Live et de Corneille ne sont-ils pas les meilleurs initiateurs à cette politique sensée, à cet esprit de suite, à cette éloquence sérieuse, dominant les orages et les masses, à ces vertus civiles et publiques dont chaque manifestation est une victoire et un pas qui rapproche de la domination du monde ? Et la domination sur nous-mêmes, la première et la plus glorieuse, ne nous apprennent-ils pas à l'exercer, les saints, nos aïeux, avec leur vie resplendissante d'exemples sublimes d'humilité, de patience, de courage, de charité, de dévouement ? N'est-ce pas en les méditant que se forment les véritables héros de l'humanité, sa gloire et sa couronne ? Tandis que la poésie de Racine m'enchante, le jeu et les destinées si diverses de ses personnages, l'opprobre ou l'éclat qu'ils portent au front, l'air et l'accent de sa muse me révèlent, sous une autre forme, la grandeur et l'intrépidité de la conscience en présence du devoir et de la constance dans l'héroïsme. En le lisant avec l'intelligence de mes maîtres, je me trouve plus près du beau idéal, je voudrais en faire passer quelques reflets dans mon être, je sors de cette étude plus grand et meilleur, avec un enivrement de sainteté, tant la présence de Dieu me semble voisine. Puis, si mon âme brisée par la douleur, fatiguée de problèmes terribles, se débat, s'affaisse sur elle-même et pleure, j'entends la grande voix de Bossuet s'élever pour chasser mes incertitudes, ranimer mon esprit et mon cœur, en faisant descendre sur eux les lumières et les consolations de la foi.

Vous saurez montrer dans le monde, jeunes élèves, que vous avez été nourris de cette éducation littéraire, que vous avez cherché, en vivant avec nos grands écrivains, leur vigueur pour votre âme, leur pureté pour votre conscience, leurs qualités morales pour votre cœur, et pour votre esprit leurs croyances inébranlables. La dignité et le prestige s'attacheront à vos pas, car on trouvera en vous des hommes résolus à ne se servir « de la pensée que pour la vérité et la vertu. » (1).

C'est là une magnifique dualité, le but suprême des efforts de l'homme, le couronnement de son intelligence et le plus riche trésor de son cœur. La religion consacre le rude travail de la pensée et de la volonté afin qu'elles arrivent à ces hauteurs ; car la religion n'est pas de nier la raison et sa puissance, d'enlever ainsi à l'homme la dignité que lui a faite le Créateur. Elle le sait formé à l'image et à la ressemblance de son auteur, et dans tout ce qui honore l'homme, elle voit Dieu et le vénère. Aussi s'attache-t-elle à donner à ses facultés naturelles le plus grand développement.

Elle perfectionne, elle étend l'intelligence, et où celle-ci s'arrête, elle la prend sur ses ailes pour la porter plus haut et lui ouvrir de nouveaux horizons. Elle donne au cœur ses inspirations les meilleures, et où il tombe, elle le relève, le purifie, le rattache à son auteur par des liens plus intimes, et plus est fort l'amour de Dieu, plus est invincible l'amour de la famille, de la patrie, de tout ce qui est grand, beau, généreux. Où la volonté faiblit, elle accourt avec la force qui soutient, la grâce qui console et les dons qui, dans les jeunes natures, préparent des héros ; dans l'individu, à la science que donne la raison, la religion ajoute la vertu, et l'homme est accompli.

Pour le former en vous, mettez-vous avec Dieu, comme le voulait Napoléon Ier (2); ayez le cœur pur,

____

(1) Fénelon.

(2) « Pour former l'homme qu'il nous faut, je me mettrai avec Dieu, car il s'agit de créer. » — NAPOLÉON Ier.

la volonté ferme dans le bien, la pensée toujours sur le courant de la vérité ; vous commencerez par obtenir dans les luttes intellectuelles et morales qui se préparent, la place qui appartient à des enfants de la France. Sur cette terre du Périgord, quand on entre dans la lutte, on ne s'arrête qu'aux premiers rangs. Ne respirez-vous pas le même air, n'avez-vous pas pour échauffer vos intelligences et mûrir vos volontés le même soleil que les Montaigne, les Fénelon, les Maine de Biran, les Bugeaud ? Leurs noms sont sur vos lèvres, toujours ouvertes pour préconiser les gloires du pays ; ils sont dans vos cœurs pour vous apprendre comment, dès la jeunesse, on se prépare un brillant avenir. Ecoutez-les.

XVI.

**L'Ecole et le progrès matériel, intellectuel et moral. —
A des enfants, le jour d'une distribution de prix.**

MES PETITS AMIS,

Nous voici sur un point où tout frappe par une vivante
apparence de nouveauté. Des constructions s'élèvent et
se prolongent au loin, dans la plaine; de larges rues
s'ouvrent et se remplissent d'une population nombreuse;
notre gare s'étend chaque jour, et ses ateliers qui s'organisent promettent à l'industrie de riches développements.
Nous sommes nous-mêmes, avec notre classe, une autre
nouveauté dans cette partie si animée de la ville. A
peine datons-nous de quelques mois, et notre local scolaire, construit à la hâte pour répondre à des besoins
pressants, commence à ne pouvoir plus vous contenir.
Je suis tout fier d'avoir à constater ce résultat; il est plus
puissant que mes paroles pour rendre hommage à l'habile et forte direction de votre maître. Mais je ne voudrais pas m'arrêter là, où plutôt je tiens à rester ici pour
contempler avec vous le spectacle offert à nos regards
et reprendre, sous une autre forme, l'enseignement que
vous recevez dans cette enceinte.

Qu'y a-t-il donc dans ce mouvement? La vie qui

s'agite et qui monte, qui déplace le monde matériel ou le transforme, afin de trouver plus d'espace pour se développer et s'asseoir dans des conditions meilleures et plus riantes. Cette expansion de la vie, ces luttes incessantes pour établir son empire sur la matière, pour passer en elle, l'absorber et jeter dans ce qui est inerte quelques-uns de ses tressaillements et de ses reflets, offrent un enseignement toujours saisissant. A la grande exposition de Londres, on eut la pensée de rapprocher des produits les plus finis les matières brutes qui avaient servi à les fabriquer. Ici, des minerais d'argent et les magnifiques desserts, coupes, boucliers, statuettes dans lesquels l'art les avait fondus. Là, des grains de sable, des parcelles d'argile, de la potasse et de l'oxyde de plomb encadrant de leur peu d'éclat apparent les belles glaces aux verres moulés, les lentilles et les prismes auxquels ils avaient donné naissance. Plus loin, des roches de quartz aurifère, et sortant de leur sein, sous la baguette féerique de l'industrie, une orfévrerie éblouissante, richement ouvragée et ornée de pierreries aux mille reflets. Qu'était-ce cela ? La matière qui s'incline sous le souffle de la science, reçoit d'elle les formes, les teintes et les tons les plus divers et les plus gracieux, puis chante son triomphe et la vie dont elle l'anime.

Nous aimons, mes petits amis, à faire passer, dans vos classes, ces spectacles sous vos regards, car ils communiquent aux jeunes intelligences je ne sais quelle commotion, quel sentiment de leur puissance qui les éveille, les provoque à de glorieux efforts et les ouvre à toutes les expansions de la vie. Et ne trouvons-nous pas à nos côtés quelque chose de ces grandeurs, une ombre, si vous le voulez, des merveilles de nos expositions, mais du moins un épanouissement de la vie, au sein du monde matériel ?

Voyez ces masses de terre ; elles quittent leur siège séculaire ; ces monticules et ces collines s'abaissent pour s'en aller dans les vallées, ces rochers s'écartent et se brisent. La vie a besoin de ces espaces, et ils s'inclinent devant leur dominatrice ; à sa voix, ils s'avancent et ils se retirent, ils s'élèvent ou ils descendent pour lui faire, dans le monde, la place qu'elle voudra. J'ai lu quelque part que Darius, un grand roi de l'antiquité, employa plusieurs jours et 300,000 hommes à niveler la plaine où il devait perdre la bataille d'Arbelles. Nos luttes contre le monde matériel sont plus vite terminées. La science travaille pour nous ; elle épargne nos sueurs et notre temps ; elle nous prête sa puissance, et, dans vos classes, vous apprenez à calculer le poids des masses qu'elle déplace avec cette merveilleuse rapidité.

D'ici, ne l'entendez-vous pas à chaque instant commander à ces machines gigantesques qui dévorent les distances ? Voyez donc quel progrès s'est accompli ! Alexandre le Grand entrait à Babylone, porté triomphalement sur un char couvert de dorures éblouissantes, qui n'était pas sans ressembler à nos camions. Louis XIV, au milieu de toute sa gloire, voyageait dans des espèces de *coucous* richement décorés, si vous le voulez, mais suspendus sur cuir et aux mouvements saccadés. Nous avons dépassé ces fastueux monarques. La science nous porte, nous entraîne sur ses ailes de feu. Le mécanicien, le conducteur, le guide auquel nous confions notre vie, touche du doigt son superbe coursier ; un cri perçant se fait entendre ; une longue masse s'ébranle, et nous voilà franchissant l'espace avec la rapidité de l'éclair.

Allez, mes petits amis, apprendre dans nos usines et dans nos ateliers comment se préparent ces puissants instruments de locomotion. Suivez-les dans leurs développements, depuis les minerais dont s'emparent nos brasiers pour les fondre, les couler en des tiges de fer de toute forme et de toute longueur, qui s'assouplissent ensuite sous le marteau, s'étendent, se dilatent, s'arrondissent et entrent, pour en former les membres, la tête, l'orbite des yeux, le poitrail, les jarrets, dans la structure de ces infatigables et terribles coursiers.

Portez un peu plus loin vos regards du côté de cette usine à gaz que je vois d'ici. Là, des courants de chaleur rouge passent sur de la houille, de l'alcool, des huiles grasses, des résines, de la lie de vin, des schistes bitumineux ; des mélanges gazeux se produisent, entrent dans de nombreux tuyaux, se répandent sous le sol et s'épanouissent en jets lumineux, dans les élégants candélabres dont l'administration orne les rues de la cité. Encore un triomphe de la science.

Mais elle est partout : dans ces asiles où la médecine porte ses secours à la pauvreté souffrante ; dans ces salles où l'air, sans cesse vicié, se purifie par le chlore, où le sulfate de quinine fait tomber la fièvre et où l'électricité rend le mouvement aux paralytiques. Tandis que, dans les riches ateliers de l'industrie, elle dore les métaux avec la pile de Volta et demande à la lumière de peindre elle-même la nature, ailleurs, elle crée ces mille petits riens, ces mille objets d'un luxe à bon marché qui rendent la vie commode et préparent pour les plus chétives habitations les jouissances de la richesse.

Nous voulons, mes jeunes amis, donner à vos regards assez de perspicacité pour qu'ils puissent lire dans le grand livre dont la science écrit chaque jour une page. Ailleurs, au sein d'une campagne, je vous la montrerai fécondant le sol. Ici, en présence des merveilles de l'industrie, un autre ordre d'idées m'est imposé. Mais partout l'école manquerait son but, si l'enfant se bornait à assembler les mots et les phrases de son livre. C'est l'idée qu'il faut savoir lire, et un maître intelligent, comme celui qui vous dirige, la cherche, non pas seulement dans les pages couvertes des caractères de l'imprimerie, mais dans les progrès de la science et dans ses applications. Là surtout elle paraît riche, saisissante, car elle se confond avec la vie qui monte et s'épanouit dans le monde matériel.

Il faut la même ascension dans les âmes, une plus haute encore, car l'homme est plus que la matière et il doit s'élever au-dessus d'elle. L'école est l'atelier où se préparent d'autres merveilles dans l'ordre intellectuel et moral. Là, l'homme grandit chaque fois qu'une connaissance nouvelle chasse devant elle l'ignorance, et que la lumière s'étend là où régnaient les ténèbres Vous avez monté, mes petits amis, depuis le jour tout récent où un foyer de vie intellectuelle vous a été ouvert. Alors il a été donné à votre regard de pénétrer dans le monde si riche des idées cachées sous les mots. Vous commencez à les contempler, et, en conversant avec elles, vous élargissez presque à votre insu le domaine de vos pensées. Votre main a pris de l'assurance ; la plume n'est plus une rebelle entre vos doigts, elle court sur le papier, elle y trace vos idées, ou bien, se faisant plus savante encore, elle reproduit ces dessins, ces points de vue, ces portraits qui tiennent à la fois de la nature inanimée et vivante. Votre esprit s'est emparé des nombres ;

Il les rapproche ou les sépare, les soumet à toutes les combinaisons et les emporte avec lui comme une des forces sur lesquelles s'appuiera votre existence dans le cours de ses développements. Vous devez à l'histoire les enseignements du passé ; elle vous a révélé votre origine, votre nature, vos devoirs, vos destinées ; les éléments des sciences vous ont initiés à quelques-unes des lois du monde matériel ; ce sont des horizons ouverts à vos regards, les plus grands que l'homme puisse embrasser. Plus il s'élève dans le monde intellectuel, plus il les voit s'étendre. Ainsi, sur le sommet des hautes montagnes, on plonge dans l'infini ; au pied des collines, la vue se brise contre la masse impénétrable qui se dresse devant elle. Laissez donc, mes petits amis, votre maître porter votre intelligence sur les hauteurs ; elle y sera inondée de plus de lumière, et la lumière c'est la vie de l'esprit.

Mais il est une autre vie, celle du cœur. La puissance intellectuelle de l'homme éclate dans ses conquêtes, dans sa domination sur la nature dont il plie à son usage et fait concourir à son labeur quotidien les puissances asservies, mais sa grandeur morale se trouve ailleurs. Il est beau, sans doute, de forcer le monde matériel à obéir, mais il l'est plus encore de savoir s'affranchir des imprévoyances de la légèreté, des convoitises et des entraînements de la passion. Soumettre sa volonté à la loi qui a été portée pour elle, écouter dans sa vie de chaque jour la voix de la conscience qui la promulgue, c'est entrer en possession de la vraie liberté, c'est former de ses actes comme une chaîne d'or dont la Providence tient le premier anneau, c'est élever son cœur à une hauteur où il puise la vie dans le sein même de Dieu. La vie ! mais elle se trouve là seulement avec l'économie et le bien-être, avec la considération, la prospérité et le bonheur pour la famille.

Regardez autour de vous et commencez, mes petits amis, à tirer un enseignement des spectacles offerts à vos regards. Vous trouverez des existences qui luttent pour s'affranchir de la loi du devoir. Vivent-elles de la véritable vie ? Non, non ! elles tombent sous l'esclavage le plus dur, celui du désordre, des privations, de la misère et souvent de la dégradation morale. Pour vous, ne regardez de ce côté, à votre entrée dans la vie, qu'afin de vous armer contre ces tristes entraînements. Un des caractères de notre temps, c'est une grande, une généreuse aspiration vers l'amélioration du sort des masses. Elle pénètre partout et, en regardant ici à mes côtés, je sens qu'elle fait battre d'autres nobles cœurs. Mais pour qu'elle se réalise, il faut que les masses sachent se mettre dans un état où l'on ne relève que de son travail, de l'ordre, de la conscience, de la volonté, des convictions et des pratiques religieuses.

N'oubliez jamais, mes petits amis, que chaque victoire sur la paresse, si attrayante à votre âge et qui se prolonge souvent au delà, sur le désordre et les prodigalités, sur les mauvais instincts et les convoitises de toute nature, est une nouvelle couche de vie qui se dépose dans l'âme, l'agrandit, la fortifie et la fait monter jusqu'à Dieu.

Les exemples et les enseignements de votre maître vous l'apprendront. Pour qu'ils soient plus puissants, vous demanderez à la morale de les féconder. Vous l'avez déjà fait, et, sous l'influence de ce double courant, plus d'une nature s'est redressée pour entrer dans les voies de la science et de la vertu, où l'enfance prépare, avec des joies pour la famille, son propre bonheur et son avenir.

10.

XVII

Des livres à donner en prix. — A des enfants, le jour d'une
distribution de prix.

MES PETITS AMIS,

Laissez-moi d'abord adresser à plusieurs d'entre vous
des félicitations bien sincères. Appelés à se prononcer
sur la nature de leurs livres de prix, ils ont demandé des
ouvrages sérieux, rejetant les enluminures et le brillant
si éphémère des couvertures. Toutes les couleurs bario-
lées n'ont pas encore disparu, vous le voyez. Je ne le fais
pas remarquer pour être désagréable à votre excellent
maître. S'il avait pu suivre ses inspirations dans toute
leur étendue, je sais quelles idées nous offriraient les
livres cachés sous ces couronnes. Mais voyez ces petits
enfants, vous n'ignorez pas combien ils aiment le papillon
qui voltige, la fleur qui brille un instant, le rayon de
soleil qui court sur l'eau. Il leur faut, avec des habits
brillants, des costumes étranges, des encadrements de
tout genre, *Chat-Botté*, *Tom-Pouce*, *Robinson Crusoé*,
même les lettres de l'alphabet. A qui frappe et séduit
leurs regards, leur cœur se donne. En père qui connaît
le faible des enfants, M. l'Instituteur a fait une part à leurs
goûts. Je ne veux pas dire qu'elle est trop large. Mais le

moyen de résister toujours? Vous êtes, petits amis, de puissants tentateurs. Il ne faut pas cependant se laisser toujours vaincre. Aussi je ne suis pas surpris que votre maître ait accueilli la demande de vos aînés. S'il a parfois les faiblesses fort naturelles d'un père, il entre plus encore dans le vif de vos intérêts auxquels il se dévoue si bien.

Les livres sérieux que voici continueront auprès de vous son enseignement, car, à votre âge, en dehors des parents qui forment une catégorie à part, on a nécessairement deux maîtres.

Pendant le courant de l'année, je vous vois sous la parole vive, animée, intéressante, qui remplit vos classes. Ce qu'elle dépense de lumière, de bons sentiments, pour élever votre intelligence et vos jeunes cœurs, je le sais, et je suis souvent le premier à en profiter. Mais ces maîtres ne peuvent être toujours à vos côtés pour développer en vous la vie des âmes. Ils cèdent alors la place à d'autres : ce sont les livres.

Lire, c'est être encore à l'école, selon ses goûts, ses convenances, ses habitudes d'esprit, dans le calme du recueillement et de la réflexion : c'est écouter une voix qui vient du fond des siècles, mais qui peut n'avoir rien perdu de sa fraîcheur, de sa grâce, de sa puissance d'action pour former les jeunes âmes. Elle a d'autres avantages, ainsi de ne se fatiguer jamais et de fatiguer rarement, de pouvoir se faire entendre à toute heure, en classe, à la promenade, au foyer domestique, dans les joies et dans les peines, et de prendre les tons les plus variés pour répondre aux diverses émotions de la vie.

Je vous désire cependant les maîtres les meilleurs du genre, car il y a des voix qui sonnent faux, qui ne peuvent arriver au cœur ou qui l'endorment. Et cependant ces maîtres ou ces livres se glissent parfois dans les classes, voire même parmi les récompenses dues au mérite. Ils savent, comme beaucoup de médiocrités, fort bien poser, ce qui, du reste, est souvent un moyen pour arriver. Ils représentent donc au mieux une certaine quantité de papier ; leurs pages sont remplies de mots, de phrases, avec beaucoup d'alinéas, souvent de larges marges, et le tout enfermé dans les brillantes couvertures que vous savez. En ces jours où tout a les dehors de l'or, le livre sérieux, utile, avec sa modeste couverture et son titre qui n'est pas un trompe-l'œil, fait piteuse mine à leurs côtés, quand ils n'en ont pas pris la place, car ils ont l'humeur envahissante. Ouvrez-les, vous y trouvez des titres piquants, le nom de personnages appartenant à l'histoire, des aventures qui ne laissent pas que d'amuser, de beaux caractères d'imprimerie, une mise en pages agréable à l'œil ; mais ne cherchez pas là beaucoup de style, d'idées élevées et gracieusement présentées, d'analyse du cœur et de science de la vie à ses débuts. La valeur de ces livres est toute à l'extérieur, dans la couverture. Je voudrais à ma voix assez de force pour la faire pénétrer dans toutes les classes et pour proscrire ces ouvrages. Ils sont matière de commerce, mais sans utilité durable pour les jeunes esprits.

Ce qu'il vous faut, mes petits amis, ce sont des livres frais comme votre imagination et purs comme votre cœur, imprégnés d'une morale douce, aimable, bien comprise, exempts de ces conceptions presque romanesques qui poussent aux déceptions et jamais au sérieux de la vie. Je veux encore pour vous des livres qui développent votre esprit, règlent vos instincts et élèvent votre cœur ; qui vous apprennent à penser, à raisonner, à commencer à peser exactement les choses et à vous méfier des mots; qui offrent à vos jeunes intelligences des rayons de lumière s'étendant avec elles, les précédant toujours de quelques pas sur la voie par laquelle vous entrez dans la vie, et vous initiant à ce monde si riche de la science, de l'économie, des vertus domestiques, civiles et religieuses. Avec ces livres pénètreront dans la famille et se trouveront placés près de votre cœur, les conseillers et les guides les plus sûrs.

Voulez-vous bien comprendre toute l'influence d'un bon livre sur les jeunes années? Ecoutez Henri IV, le roi populaire par excellence.

« Plutarque, écrivait-il à la reine, sa femme, me sourit
« toujours d'une fresche nouveauté; l'aimer, c'est m'ai
« mer, car il a été l'instituteur de mon bas-âge. Ma
« bonne mère, à qui je doibz tout et qui avoit une affec-
« tion si grande de veiller à mes bons déportements et
« ne vouloit pas, ce disoit-elle, voir en son fils un illus-
« tre ignorant, me mit ce livre entre les mains encore
« que je ne feusse à peine plus un enfant de mamelle.
« Il m'a esté comme ma conscience et m'a dicté à
« l'oreille beaucoup de bonnes honnestetez et maximes
« excellentes pour ma conduite et pour le gouvernement
« des affaires. »

Notre désir, mes petits amis, est de vous remettre, au jour de vos triomphes scolaires, des livres qui puissent aussi vous dicter à l'oreille beaucoup de *bonnes honnestetez*. Pour nous, vos récompenses cesseraient d'avoir une valeur véritable, si elles se trouvaient impuissantes à vous porter à une plus grande hauteur intellectuelle et morale. Si Plutarque, l'instituteur de Henri IV, se présente, nous l'accueillerons; si on l'oublie, nous le ferons venir au besoin. Mais nous y joindrons nos grands écrivains. Leur beau langage élève la pensée et purifie le cœur, rend l'esprit et l'âme sereins ; avec eux, on se repose dans le sein de la vérité.

Pourquoi ne pas vous faire goûter les inspirations des Corneille et des Racine, des Pascal, des Bossuet et des Fénelon? Ne s'établit-il pas une alliance naturelle entre ces maîtres dans l'art de penser et le droit bon sens du peuple?

Vous n'êtes encore que des enfants, mais vous entrerez demain dans les rangs de ce peuple français dont nous faisons tous partie. Il veut des membres forts, capables de s'élever à la hauteur de ses destinées. Nous les demanderons au génie littéraire et scientifique de notre patrie, à la religion qui veille avec tant de sollicitude sur vos jeunes années. Les livres que nous vous remettrons seront des conseillers, des amis. Si vous regardez bien, vous nous trouverez toujours tout près d'eux.

XVIII

Cours d'adultes.

1° Une circulaire à MM. les Instituteurs et M⁰ˢ les Institutrices, à l'occasion de la réouverture des cours d'adultes.

Les pommes sont peu abondantes ; comme vous, je le déplore, car c'est un déficit dans la richesse du pays (1). Les heures et les longues soirées consacrées au pressurage, dans des années meilleures, resteront libres. Emparez-vous-en, et reprenez sur une plus large échelle vos cours d'adultes. Pendant que les bras chômeront, faites travailler les intelligences. Ce qu'elles acquerront sous votre direction deviendra pour l'avenir une puissance.

Votre enseignement devra monter, car le nombre des illettrés diminue. Prenez, où vous les avez laissés l'année dernière, les esprits attardés. Sans doute, il faudra,

____

(1) La récolte des cidres est évaluée, pour 1881, à plus de 17 millions d'hectolitres ; elle dépasse de 11,600 hectolitres la récolte de 1880, et de plus de 7 millions d'hectolitres la production moyenne des dix dernières années.

dans les premiers jours, revenir sur les éléments de la lecture, de l'écriture, du calcul, car le temps qui marche affaiblit promptement des notions encore incomplètes. Mais une révision rapide aura bientôt ravivé dans la pensée les lumières vacillantes. Songez à les fortifier et à les étendre. Point de longues théories ; le temps manque pour s'en pénétrer. En tout, voyez le côté pratique.

Dans vos lectures, prenez-moi les belles pages de l'histoire nationale, non celles où le sentimeut du devoir tombe ; les pages si riches et si fortifiantes où l'on se trouve entraîné par le dévouement à tout ce qui est noble, pur et comme l'âme de la patrie. Surtout jamais de ces lectures fades et romanesques qui amollissent le cœur et lui dérobent le sérieux de la vie pour le bercer dans l'illusion et le mensonge. Le réveil, c'est souvent le désespoir ou l'appétit déréglé de la jouissance, qui n'hésite pas à la demander au crime et qui épouvante par ses forfaits.

Mettez au bout des doigts une écriture aussi rapide que les affaires qui nous chassent devant elles. On préconise comme moyen d'exécution pour ceux qui commencent, l'usage du *crayon tendre* (1) ; on le dit plus prompt que la plume ; essayez, même avec les enfants. On ne vous demande pas des calligraphes, mais des mains qui sachent en un clin d'œil fixer une pensée.

Vite des problèmes dans lesquels les nombres en se combinant répondront à des données de la vie des champs, du commerce et de l'industrie. Pour les femmes,

____

(1) Taiclet, *Nouveau procédé pour l'enseignement de l'écriture aux commençants.*

une comptabilité simple et sûre ; c'est une des conditions de prospérité dans les ménages.

Arrivez le plus tôt possible aux applications de la science ; c'est là surtout que votre enseignement deviendra fécond. Ici, des notions relatives à la coupe des pierres, le tracé des lignes, du dessin linéaire, la confection du plan d'un édifice, l'équarissage du bois, l'assemblage et la pose des charpentes, etc. Là, les procédés les meilleurs à suivre pour la fabrication du cidre, du beurre et du fromage. Puis, l'étude du sol et de ses éléments constitutifs, la préparation des engrais et leurs principes fertilisants, l'utilité des labours et du drainage, le rôle des assolements, l'élevage du bétail et la détermination de la valeur nutritive des aliments qui lui conviennent ; la culture des céréales, la recherche des insectes qui leur sont nuisibles et des moyens d'arrêter, autant que possible, leurs dégâts.

Que ce programme ne vous effraie pas ; la science a trouvé le secret de le mettre à la portée de toutes les intelligences. Si des livres vous manquent, demandez des titres ; vous en aurez bientôt, et quelquefois même des ouvrages pourront vous être communiqués. Quand on sait s'entendre, tout marche, la science se propage et le bien se produit.

Dans ce programme, je ne fais pas un numéro spécial pour l'idée morale. Vous comprenez cependant que je ne veux pas l'exclure de votre enseignement ; il faut, au contraire, qu'elle le domine tout entier. Je vous recommande même d'être en garde contre les théories qui affecteraient une pareille exclusion. L'idée morale doit être partout comme une lumière, une force, un principe d'ordre et de paix ; elle règle l'intelligence, met dans le cœur de la fraîcheur et de l'élan vers toutes les grandes vertus domestiques et sociales (1). Seule, la science peut égarer en soufflant l'orgueil, de tous les conseillers le plus mauvais.

Dans les cours d'adultes pour les femmes, vous n'aurez pas à suivre tout le programme que je viens de tracer. Votre enseignement sera surtout dirigé du côté des soins du ménage. Le gouvernement de l'intérieur leur appartient, il a bien parfois son fardeau et toujours son importance. Apprenez à porter avec dignité le poids du devoir ; inspirez partout des idées d'ordre et d'économie ; attachez la femme à toutes les vertus qui font sa force et sa gloire. Pour cela, le genre sermon n'est pas nécessaire, il serait même déplacé dans nos cours ; à chacun sa mission. Mais des lectures où la vie circule dans ce qu'elle a de meilleur et de plus riche, le spectacle de ces femmes qui, dans les conditions les plus humbles, ont été grandes, quelquefois sublimes ; puis des notions propres à régler tous les détails de la vie domestique, à faire comprendre la valeur du temps, de l'ordre et du centime économisé à propos, sans que la charité se resserre, voilà ce qu'il nous faut. Vous

(1) « En instruisant le peuple, a dit un des hommes les plus considérables de la *démocratie américaine*, on lui a fourni des facultés nouvelles : il faut régler cette énergie intellectuelle et morale... Et comment ? Par l'éducation, répondit-il. — « Par là, j'entends beaucoup plus que la faculté de lire, écrire et compter. J'entends la culture de l'intelligence, ... le développement des sentiments moraux qui, avec l'aide de la nature et de la Providence, nous amènent à soumettre nos appétits, nos penchants, nos désirs, à la volonté suprême. » Horace Mann, *De l'importance de l'éducation dans une République*

formerez ainsi des femmes qui seront l'âme de la famille.
Agréez, etc.,

2° *Un souvenir de 1870. — Circulaire à MM. les
Instituteurs et à Mmes les Institutrices.*

Octobre 1870.

La plupart des adultes qui fréquentaient vos cours
sont en ce moment sous les armes pour la défense de la
patrie. Nos sympathies, notre admiration, nos vœux
les accompagnent. Puisse la Providence les protéger èt
la victoire couronner leur dévouement !

Tandis qu'ils affrontent le danger avec une fermeté
toute héroïque, vous voudrez, vous aussi, mettre au
service de la France vos forces physiques, intellectuelles
et morales. L'enfance les réclame. A vous de former en
elle une génération virile, ferme d'esprit et de cœur,
inébranlable dans ses convictions et dans son patriotisme, assez haute pour s'appuyer toujours sur
les deux forces les plus puissantes qui soient au monde,
la vertu et la science. Pour tous, l'heure présente est
pleine d'enseignements. Il faut qu'ils pénètrent dans nos
classes avec leur majestueuse tristesse, et que nos
souffrances, nos périls, nos sacrifices, en rappelant des
défaillances morales, contribuent à retremper les caractères et les âmes. Votre parole sera comprise et votre
action efficace, car elles tomberont, l'une et l'autre, sur
des cœurs blessés comme l'est celui du pays.

Il faut que les enfants sortent de nos classes avec les
convictions et les connaissances qui créent des hommes
aimant leur Dieu, leur pays et leurs devoirs. Depuis

longtemps, on ne sait plus que courir après le bien-être pour le saisir n'importe à quel prix, en lui sacrifiant tout : honneur, patrie, gloire. Que de tristes révélations nous apportera l'histoire de ces derniers mois ! Elle s'écrira avec les larmes de nos mères et le sang expiateur de nos frères, et, quoiqu'il y ait eu de beaux dévouements, elle ne sera pas flatteuse, mais elle parlera avec l'autorité des faits accomplis, nous montrant la nécessité d'une transformation morale.

Préparons-nous à recevoir ses leçons et à les comprendre. Dès aujourd'hui, versons plus que jamais sur les campagnes les idées morales qui fortifient les âmes ; versons également ces connaissances pratiques, cet amour d'une vie simple, honnête, qui, avec la rosée de Dieu, fécondent le sol. Nous serons payés de nos efforts par le développement des vertus morales qui font les grands peuples ; nous aurons aussi cette abondance de récoltes qui, malgré nos désastres actuels, peuvent, en quelques années, replacer la France au premier rang parmi les nations les plus riches...

Peut-être, en ces jours d'épreuves, les bras de l'enfance seront-ils appelés momentanément à remplacer, dans les champs, ceux de leurs pères. Prêtez-vous à des exigences trop légitimes, et soyez toujours prêts à recevoir, le soir, ceux de vos élèves qui ne pourront être à vos côtés pendant le jour. Ils viendront là, avec les adultes trop peu nombreux restés dans la commune, et qui voudront plus que jamais les entourer de respect et d'affection.

Le même vide ne se fera pas autour des institutrices. Toutes retrouveront leurs adultes des années précédentes, et plus les progrès auront été grands, plus il y aura d'empressement pour les poursuivre. La vie se présente à tous sous des couleurs plus graves et plus sévères, et l'un des premiers résultats de nos épreuves doit être de nous rattacher plus fortement au devoir. De déplorables productions littéraires, l'abus du luxe et des plaisirs sous toutes les formes, des désordres que l'on n'ose nommer, l'insubordination et le mépris de l'autorité, la révolte contre le travail, avaient pénétré dans nos campagnes et presque frappé à la porte de nos classes. Passant sur la France avec une effrayante puissance de destruction, ils ont fait descendre la nation de la hauteur où l'avaient portée les convictions de ses pères et des mœurs pleines de dignité. Nous avions à remplir dans le monde la mission la plus brillante, mais il fallait marcher avec Dieu. Nous l'avons un moment délaissé, et voilà pourquoi, malgré nos vaillantes armées, l'ennemi nous dévore. La nation est profondément humiliée. Pour nous relever, redevenons les soldats de la Providence ; il le faut, c'est notre destinée.

Nos épreuves vont répandre partout trop de souffrances, il y aura trop de ruines à réparer pour que nous ne prenions pas l'existence par ses côtés sérieux. Si la prospérité a fait fléchir nos sentiments, si elle a dévoyé nos pensées, il faut que désormais de l'esprit et du cœur de la femme parte l'impulsion qui propagera, dans la famille, les saintes austérités du dévouement et du patriotisme, les vertus domestiques, sociales et morales, seules capables de relever les nations un moment tombées.

Pas une de nos institutrices ne faillira à sa mission. Non contentes de donner un enseignement simple et sérieux, répondant à toutes les convenances, à toutes les délicatesses et à toutes nos croyances, elles voudront appuyer leur parole sur la puissance et le prestige de l'exemple. Ainsi se fera le bien; ce sera déjà une grande récompense.

Je regrette de n'avoir pu vous adresser encore l'indemnité qui vous est due pour les travaux de l'hiver dernier. Elle allait être mandatée au début de nos malheurs. Lorsque viendront des jours meilleurs, vous la recevrez, je l'espère.

Agréez, etc.

3° *Une distribution de prix à des adultes.*
— Un programme.

Messieurs,

M. le Maire (1) devrait être à la place que j'occupe, car il est l'âme de vos cours d'adultes, le chef d'une administration soucieuse du progrès de tous, et comprenant que si les pavés des villes garantissent nos pieds contre les boues et les flaques d'eau, le développement des esprits les tient fermes et plus sûrs dans le chemin de la vie. Ce sera sa gloire, parce que le niveau des esprits montera et que les mœurs s'épureront.

Déjà des succès ont été obtenus. Applaudir à l'habile direction des maîtres, aux efforts et à la persévérance des adultes, au milieu de cette assemblée d'élite, tout près de ce vieil ami (2) qui vous est si sympathique, parce que vous avez pu sonder aussi la richesse de son

(1) M. Leguay, Maire de F...
(2) M. le Curé de G...

cœur, était le seul rôle ambitionné par moi. — Je n'aspirais pas à l'honneur de les couronner. Je l'accepte cependant et je le regarde comme une récompense. Vous l'accordez, Monsieur le Maire, au professeur qui débutait ici même, dans l'enseignement, il y a 23 ans. Permettez-moi d'en faire remonter le mérite à ces anciens collègues qui ont vieilli au milieu de vous, usant pour vos enfants leurs forces intellectuelles et physiques ; à des hommes qui occupent aujourd'hui les premiers rangs dans votre cité (1), qui m'appelaient autrefois leur maître, et dont je garde un souvenir ineffaçable. Ils s'uniront à moi pour rendre hommage à la délicatesse de votre bienveillance.

Et vous, Messieurs les Adultes, comprenez l'importance des bienfaits que vous devez aux libéralités de l'Administration municipale. L'instruction et l'éducation mises par elle à votre service élèvent et agrandissent tout ce qu'elles touchent : voyez plutôt.

Vos regards, au début de ces cours, s'arrêtaient sur des caractères écrits qu'ils ne pouvaient assembler ; votre main était inhabile à conduire une plume ; votre esprit, à coordonner des nombres. Des maîtres dévoués vous ont apporté leur science ; ils ont mis, dans vos regards, de la pénétration ; dans votre main, la possession d'elle-même ; dans votre intelligence, de la force, et ils vous ont introduits au sein d'un monde nouveau, riche, infini. Des mondes que l'on découvre, les uns, comme celui de Colomb, ont une place à la surface du globe, au milieu des mers ; les autres, dans l'empire plus vaste et plus

____

(1) M. B., membre du Conseil général, notaire à F. ; M. H., Président de la Chambre de commerce, banquier à F. ; M. G., Percepteur, etc.

élevé des idées, à des hauteurs où l'on se trouve plus près de Dieu. Apprendre à lire, à écrire, à calculer, c'est faire une conquête dans ces régions supérieures. Le petit enfant qui peut, après de patients efforts, y pénétrer, m'émeut d'admiration ; l'adulte, qui n'est pas capable du même élan, m'attriste, et, quand je le vois entrer, sous la direction de ses maîtres, en possession des facultés qui l'élèvent, je m'incline, comme on doit le faire, devant une intelligence qui s'agrandit.

Ce n'est pas de l'émotion à froid. Est-ce que l'on ne se sent pas mieux vivre soi-même partout où il y a un rayonnement, si faible soit-il, de l'image de Dieu?

Pour vous, toutefois, nous ne poursuivons pas seulement le don de lire des mots et de les fixer sur le papier, d'enchaîner des nombres et d'en déterminer les rapports ; c'est déjà une science, mais elle peut être stérile, même funeste. Si elle marche seule, je sais quels arguments elle semble justifier. — « Vous avez beau faire, nous dit-on, vous ne diminuez ni la misère ni le crime parmi les masses. » Et l'on s'arme de la statistique pour nous accabler. Nous n'ignorons pas ce qui la rend sombre et quelquefois pleine de crimes, c'est la demi-culture intellectuelle.

On a négligé, dans l'enseignement, ses côtés importants et moralisateurs. On a vu des mots, il fallait aller jusqu'aux idées ; montrer, dans leur force et leur laideur, celles qui stigmatisent le mal ; dans leur beauté et leur puissance d'entraînement vers le bien, celles qui se groupent, comme une couronne radieuse, autour des actes de vertu accomplis dans les conditions les plus diverses. Il y a un baume pour la souffrance, une puissance qui arrête sur la voie du crime, une force qui nous porte, pour nous rendre capables de les subir, à la hauteur des maux de l'humanité, c'est la sagesse. Il fallait apprendre à la chercher dans les livres et appliquer la lecture à des desseins utiles, vertueux. Il fallait porter l'enfant et l'adulte à respecter la plume qu'ils tenaient et à la tremper toujours dans une encre pure et limpide ; il fallait les habituer à laisser la règle du devoir régir leur conscience et leurs actes avec la même inflexibilité que la loi et les rapports des nombres dominent les opérations du calcul.

Est-ce notre faute, à nous, si d'autres chaires s'élèvent à côté des nôtres ; si une littérature malsaine fait de la vie un calcul où le triomphe reste à l'habileté ; si l'on jette chaque jour les ténèbres et la fascination du mal là où nous voulons la lumière et l'empire du bien?

Ici, dans ces cours, vous allez, Messieurs les Adultes, à travers les mots, aux idées droites et saines. Une parole animée vous apprend à les goûter, et quand l'expression d'un sentiment généreux tombe sur votre cœur, celui-ci s'épanouit et son émotion fait monter aux yeux une de ces larmes riches, éloquentes, que j'ai recueillies, au milieu de vous, l'année dernière. Jamais une telle science de la lecture ne poussera au crime et n'enrichira ses statistiques.

Et le calcul ? Mais je me rappelle aussi qu'alors vous ne restiez pas, avec vos maîtres, enfermés dans des nombres abstraits ou des problèmes inutiles. L'arithmétique se faisait pour vous simple, toujours pratique et féconde, vous montrant, à côté du malaise que les prodigalités jettent dans les familles, la puissance de l'épargne et le bien-être qu'elle assure pour les jours mauvais. La statistique du crime ne peut pas non plus trouver à s'alimenter dans cet enseignement; qui l'a reçu voudra se servir de sa plume pour écrire des pages dignes d'un homme qui se respecte : ce sera la vie d'un honnête père de famille et d'un brave ouvrier tracée avec leurs sueurs et leurs vertus.

Voilà, Messieurs, les résultats que vous poursuivez dans vos cours d'adultes, vous et vos collègues disséminés au milieu de nos campagnes : c'est un triomphe; comment ne serais-je pas fier de le proclamer, moi qui vous aime, j'allais ajouter, moi qui travaille avec vous?

Mais, je le sais, on redoute parfois ce triomphe sous une de ses formes, la science qu'il propage ; on parle du déclassement qu'elle entraîne, des ambitions qu'elle suscite. Heureusement, d'autres comprennent que, si le fils du paysan ou de l'ouvrier cherche à s'élever au-dessus de son père, dès qu'il a reçu un peu d'instruction, c'est *qu'un peu d'instruction* est encore chez nous une exception ; c'est que le paysan et l'ouvrier ne sachant pas ce qu'ils font apprendre à leurs fils, ceux-ci n'ont qu'un léger effort à tenter pour dépasser leurs pères. Que l'on sorte de l'égalité d'ignorance afin d'arriver à l'égalité d'instruction, on fera des connaissances acquises, non pas l'aliment d'ambitions bientôt déçues, mais l'arme du vrai progrès matériel, intellectuel et moral.

Il faut mettre partout cette arme entre les mains des adultes. Plus ils avancent dans la vie, moins il leur reste de forces et de jours à dépenser. Aidons-les promptement à couronner leur existence par des œuvres qui devront au développement de leurs facultés une fécondité plus grande et une source plus durable de bien-être. Un de nos ministres disait un jour, en présence des merveilles de l'industrie : « L'effort intelligent qui produit la richesse ne saurait s'arrêter ; partout il est nécessaire, dans la ferme comme dans l'usine, dans l'atelier comme dans la manufacture (1). »

Ne savons-nous pas, en effet, quels résultats magnifiques il produit partout? Voyez la Suisse et l'Ecosse ; l'instruction populaire y est prospère, et nulle part les travaux agricoles ne sont conduits avec plus d'habileté et de succès. Regardez les ouvriers horlogers de Neufchâtel et de Genève, ils ne sont pas seulement éclairés, ils joignent au goût des lettres la dextérité des doigts, la pénétration du regard, l'art du dessin, la connaissance d'un mécanisme délicat et varié; aussi les produits de leur industrie s'imposent au monde entier.

Le savant ne doit pas profiter seul de ses découvertes. Si la Providence lui donne un regard plus puissant qu'à d'autres, c'est afin qu'elles agrandissent le patrimoine de l'humanité et qu'elles descendent dans son sein comme un trésor.

Les lois du monde physique nous dominent tous. Pour qui sait les comprendre, elles sont bienfaisantes; funestes souvent à qui les ignore. Apprenons donc à l'homme du peuple à les connaître, à les asservir à ses besoins, à en faire des instruments dociles qui travaillant avec lui, souvent à sa place, économiseront ses sueurs et ses forces.

Une alimentation mal préparée, une aération mauvaise l'affaiblissent ; des maladies, faciles à éviter, lui enlèvent ses enfants. Que la connaissance des règles d'une bonne hygiène porte et entretienne la vie dans sa demeure.

(1) M. de Forcade, *Discours prononcé a la distribution de l'Exposition internationale du Havre.*

Le tailleur de pierre trouve sous son ciseau une matière résistante ; il faut cependant qu'il l'assouplisse, qu'il en fasse, pour ainsi dire, une âme parlante, comme parlent vos pierres qui entrent dans vos belles églises de Guibray, de la Trinité et de Saint-Gervais. Pourquoi ne pas l'initier à la science de la perspective, du dessin, de la taille et de la coupe des pierres? Pourquoi à la vigueur de ses bras ne pas ajouter l'éducation de la vue, l'habileté des doigts, la sûreté du trait, l'élégance et la pureté des lignes?

Chaque jour la terre nous prodigue ses trésors, mais, pour ne pas s'épuiser, elle nous demande en échange les conditions de fertilité dont la science nous permet de disposer. Je ne dirai pas: Faisons dans nos écoles de la chimie agricole. Cet appel paraîtrait ambitieux et il provoquerait le sourire de l'ignorance. Eh bien! je dirai: Répandez partout, au moyen de vos cours d'adultes, des notions propres à renouveler le sol qui s'épuise, à multiplier et à varier ses produits, à faire couler la richesse dans son sein par des engrais, des irrigations, des assolements bien préparés. Nous tiendrons ainsi l'intelligence du laboureur haute et ferme au-dessus de la routine, sur la voie du progrès.

Ici, nous sommes dans un centre industriel et commercial; plus de négociant qui ne sache où et comment se fabriquent les produits qu'il écoule, qui ne possède sa comptabilité et sa géographie industrielle, car l'activité est partout ; il faut languir ou faire promptement sa fortune, et, pour la réaliser ainsi, être à chaque instant par la pensée, sinon par l'action, sur tous les centres où se ploie la vie commerciale.

Je vois des ouvriers dont l'existence semble rivée à

celle des manufactures et s'use au contact des leviers et des poulies. Je les voudrais tous en état de comprendre le jeu de leurs machines à vapeur, les lois de la mécanique et la nature des matières premières qu'ils emploie nt.

Ainsi l'homme occuperait dans la création la place de dominateur et de roi qui lui convient.

Je n'oublie pas la mission des cours d'adultes en présence des femmes. Il y a là une force qu'il faut développer, car elle est une condition de prospérité pour la famille, de salut pour la société. Vous savez quel souffle court sur le monde et le précipite vers les futilités de tout genre. On vit maintenant pour un fichu, pour une robe, une casquette ou un chapeau découpé d'après je ne sais quel patron et posé sur un échafaudage de provenance inconnue, triste peut-être. On est tout à l'extérieur. Et quel extérieur, dépouillé souvent de gravité, de cette modestie qui commande le respect, et dans laquelle l'âme se révèle quand elle est riche ! Mais le plus souvent on la jette dans un sourire étudié, dans un regard dont il est parfois difficile de soutenir l'assurance. Elle y passe tout entière, car il reste à peine une notion du devoir, un sentiment des réalités et des obligations de l'existence. Tout est tombé et s'est confondu dans une mêlée où les distinctions s'effacent. Ai-je besoin de dire sur quels points la chute a commencé, pour descendre ainsi dans les rangs inférieurs? Il faut qu'elle s'arrête, afin que la famille et la société ne sombrent pas.

Apprenons aux adultes femmes à lire, à écrire, à calculer, à tenir les registres de la ferme, du magasin, même du ménage, je le veux bien ; continuons, sous ce rapport, l'enseignement de l'école et ne laissons pas s'effacer les premières notions acquises, ce sera un élément de progrès. Mais surtout ranimons dans les esprits les idées sérieuses; relevons le sens moral et donnons-lui, dans une conscience éclairée, de puissants appuis. Que la loi du devoir pénètre profondément dans les âmes, qu'elle y règne et tienne sous sa domination les tendances légères et frivoles au sein desquelles font naufrage la pudeur de la jeune fille, les devoirs et l'autorité de la mère de famille, la dignité de la femme. Nous verrons alors resplendir sur le même front la science modeste et la vertu; est-il plus beau spectacle à contempler?

Voilà le programme que je tracerais aux directeurs et aux directrices de cours d'adultes. Il sera de longtemps inépuisé. Mais plus on s'efforcera de le remplir, plus il y aura de vie et d'avenir pour ces cours.

Il n'est pas nouveau pour vous, Monsieur le Directeur. Vous avez, avec vos collaborateurs, jeté dans les esprits et les cœurs de ces semences qui germent et se développent pour le bien de tous, et, à mesure que le terrain devient plus fertile, vous savez les répandre plus abondamment. Ainsi votre enseignement s'étend et se fortifie; votre œuvre grandit, et elle devient un des rameaux les plus riches de l'instruction nationale.

Vous m'avez parlé, Monsieur, de notre Exposition; c'est encore une des œuvres dont l'initiative appartient au Ministre de l'instruction publique. Oui, elle m'a procuré de vives jouissances, parce qu'elle m'apportait dans des travaux exécutés avec soin un reflet, une manifestation des intelligences naissantes de notre département; parce que je voyais de jeunes cœurs palpiter dans des devoirs où se révélait la pureté du sentiment, et qui me remplissaient d'espérances pour l'avenir. Dans une autre

Exposition, peut-être prochaine, ces intelligences et ces cœurs nous reviendront encore plus riches ; ce sera une gloire nouvelle pour la famille, pour nous une de ces joies que notre bonheur sera de partager avec leurs maîtres.

Vos adultes, Monsieur, ont compris votre dévouement, et ils vous offrent dans leurs progrès une des récompenses que vous ambitionnez. Pour vous et pour eux, sous un symbole matériel, j'en apporte une autre, celle des sympathies des autorités qui vous applaudissent et de la patrie pour laquelle vous préparez des âmes plus éclairées et plus viriles.

XIX.

**Les Instituteurs et les locaux scolaires. — Enseignements
à propager.**

I.

Il y a une tendance générale à élever des locaux
scolaires partout où il en manque. L'Etat la provoque
par ses larges subventions et ses conseils incessants. De
là, au sein des populations, un généreux élan en faveur
de l'éducation de l'enfance, et pour lui préparer un milieu
convenable.

Malheureusement, les localités les moins riches sont
presque toujours les plus dépossédées, et l'on ne peut
leur demander les dépenses consenties par celles dont
les ressources sont plus abondantes. Il est donc nécessaire d'entrer dans une voie économique.

Il ne s'agit pas d'élever un monument ; que le service
soit assuré dans de bonnes conditions ; que l'enfance et
ses maîtres aient de l'espace pour respirer, enseigner et
vivre ; qu'un jardin permette de joindre, dans une foule
de cas, la pratique à la théorie ; que rien, dans la con-
ception du plan, ne soit laissé à la fantaisie ; que l'école
se présente avec les dehors modestes qui conviennent
et d'ailleurs toujours riants ; nous aurons des devis

moins élevés. Pour les réaliser, il ne sera pas nécessaire que les communes recourent à des emprunts à longs termes.

Vous pouvez beaucoup, Messieurs les Instituteurs, pour les renfermer dans des dépenses en rapport avec leurs ressources.

Quand vous voyez se produire un projet de construction, demandez des plans. L'Autorité en a déjà réuni de toutes dimensions dans ses *Musées pédagogiques* (1). Ils sont à la disposition des architectes. L'Administration départementale peut aussi vous en procurer. Elle a près d'elle maintenant une Commission chargée d'étudier le plan qui peut être le plus utile pour votre localité (2). Dans celui qui vous sera présenté, vous trouverez le nécessaire, le confortable, et, comme rien n'y sera laissé à la tentation de faire du nouveau à grands frais, vous éviterez aux communes des charges relativement considérables.

II.

Il est un autre point sur lequel je désire surtout appeler votre attention. Pourquoi ne pas dire le mot? Ce sont les *lieux d'aisances*. Dans le système actuel, ils coûtent beaucoup; car il faut creuser une fosse, quelquefois profonde, l'entourer de murs et les enduire de ciment pour éviter les infiltrations. On sait à combien s'élève cette première dépense. Autre inconvénient et perte sérieuse : les déjections s'entassent dans

(1) Voy. ci-dessus, p. 77.
(2) Arrêté du 8 novembre 1881, dans le *Journal de l'Instruction publique*, 19 novembre 1881, p. 779-780.

cette fosse ; elles y restent souvent plusieurs années, et quand, après des répugnances exagérées, on les extrait, à peine en tire-t-on quelque profit.

III.

Sous ce rapport, on ne peut trop signaler la pratique des grands centres agricoles. Dans la Flandre, l'Alsace, la Champagne, le Dauphiné, la Haute-Normandie, à Paris et à Lyon, les déjections deviennent, pour le sol, une des sources les plus grandes de fécondité. Chaque année, l'agriculture tire de la seule ville de Lyon 200,000 mètres cubes de ces matières. Celles que l'on recueille à Paris, suffiraient à la fumure de 50,000 hectares.

A Grenoble, les résidus de l'alimentation fécondent, chaque année, 740 hectares et l'emploi de la matière fécale a opéré dans cette contrée une révolution totale.

Là, dans un sol à gravier rougeâtre, où l'on ne récoltait autrefois que du seigle et du sainfoin, se succèdent les récoltes le plus épuisantes : le blé, le chanvre, l'orge, les pommes de terre. Où régnait jadis la misère, la matière fécale porte l'aisance. Il est triste de penser que la France perd annuellement de 14 à 15 millions de mètres cubes de ces engrais. Ce serait une quantité suffisante pour fertiliser 711,000 hectares de terre (1).

Je ne sache pas que, dans certains départements, aucune exploitation en grand ait encore été tentée.

(1) Une superficie égale à celle de nos départements les plus étendus.

Au lieu de ces fosses profondes qui sont dispendieuses, ayez près de l'école de petits récipients mobiles. Vous les viderez souvent dans votre jardin, vous mêlerez à la terre ces matières fertilisantes, vous les incorporerez au sol ; une moisson abondante, sans odeur et sans goût désagréables, vous récompensera d'une culture intelligente.

Par là, un double succès : moins de dépenses pour la construction de la maison d'école, haute leçon d'agriculture donnée aux populations. Ce sera le progrès sous une de ses formes ; chaque fois que vous pouvez le diriger, n'hésitez pas.

IV.

Vous avez à propager le même enseignement. Celui-là sera pour les *adultes* de vos cours du soir. Vous appellerez leur attention sur le parti que l'agriculture peut tirer de l'*engrais* humain. C'est l'expression reçue, acceptons-la. Vous n'aurez pas à signaler seulement ce qui se pratique en Flandre et en Alsace, dans la Champagne, le Dauphiné et la Haute-Normandie, à Paris, à Lyon, à Grenoble, etc. Car, chaque jour, cette question s'impose avec une autorité plus grande aux amis de l'agriculture et du progrès. On veut des faits, non pas seulement de la théorie, et de brillants résultats se présentent.

Laissez-moi vous résumer un travail intéressant publié, il y a quelque dix ans, dans le *Journal officiel du soir* (1). Vous aurez là, si je ne me trompe, une lecture instructive pour vos adultes.

V.

L'auteur de ce travail nous transporte dans les plaines de la Sologne, de la Gascogne et de la Champagne; 10 à 11,000 hectares n'étaient d'abord que landes, ajoncs, savarts ou bruyères. L'agriculture s'en est emparée et les a transformés. Ici, des marais desséchés ont fait place à de riches prairies artificielles, à des plantations pleines d'avenir, ou se dérobent sous des épis ondoyants; là, des voies de communication, des routes ouvertes, sur de grandes longueurs, dans des centres longtemps inaccessibles ; des fermes agrandies, restaurées ou créées; un matériel complet d'exploitation ; un bétail nombreux, superbe, des mieux choisis, donnant au travailleur ses forces physiques, au consommateur sa viande, à l'industriel ses produits les plus variés; partout le bien-être des populations assuré, leur santé protégée contre la misère et la fièvre, ces deux fléaux de l'humanité, l'amélioration morale poursuivie sans relâche; 15 millions de francs consacrés à cette œuvre. C'est le progrès dans ce qui touche le plus près aux intérêts de la nation; c'est un enseignement saisissant, qui nous apprend comment s'élève la fortune de la France.

(1) Voy. le *Journal officiel du soir*, 30 avril, 1er, 2 et 3 mai 1870.

VI.

Mais je laisse ce tableau, si attrayant cependant, pour vous exposer la puissance fertilisante de l'*engrais humain*. « Il a transformé, dit le *Journal officiel*, les terres sablonneuses qui s'étendent du fort de Vincennes aux redoutes de Joinville et de la Faisanderie. 120 hectares de ronces et de bruyères ont été défrichés, 100 hectares nivelés et engazonnés, pendant que s'élevaient des bâtiments d'exploitation d'une simplicité, d'une commodité et d'une élégance telles qu'ils ont mérité de servir de modèle à de nombreuses constructions rurales en France et à l'étranger.

« Le sol, tantôt gravier ferrugineux mélangé d'argile, se durcissait comme la pierre à la sécheresse, tantôt sable léger, n'offrait pas plus de consistance que la cendre. Il fallait des masses énormes d'engrais pour en changer la nature. Au lieu de les disputer, à force d'argent, aux agriculteurs et aux maraîchers des environs de Paris, au lieu de recourir aux engrais commerciaux, d'un prix toujours si élevé, quand il s'agit de les appliquer à des terres pauvres, on mit en œuvre une ressource jusque-là repoussée avec dégoût.

« L'engrais humain des forts était une charge pour l'administration de la Guerre, qui faisait annuellement 15 ou 20,000 francs de dépenses, pour détruire 15 ou 20,000 francs de richesse. Il y avait là un préjugé à vaincre. On obtint sans peine la concession gratuite de ce service, et, depuis 10 ans, 2 à 3.000 mètres cubes d'engrais sont employés annuellement à la fertilisation des terres sablonneuses de Vincennes. Durant ce laps de temps, l'Etat a réalisé une économie de 150 à 200,000 fr., et la ferme a livré à la consommation 500,000 francs environ de denrées de toutes sortes.

« Le sol, autrefois couvert de ronces, est aujourd'hui couvert de luzernes, de betteraves et de céréales. De beaux animaux sont abrités dans les bâtiments de la ferme. On n'y compte pas moins de 7 chevaux de travail, 100 vaches laitières, 600 moutons southdown, et 15 à 20 porcs de la race d'York pure. Ce bétail, qui appartient aux races perfectionnées, a fourni de nombreux sujets à la France et aux colonies.

« C'est un exemple qui ne pouvait être mieux placé qu'aux portes de Paris, pour démontrer avec plus d'autorité l'importance des ressources qui sont gaspillées dans les grandes villes au détriment de la richesse publique et de la salubrité. » (1)

Voilà des faits et des progrès ; c'est la fertilité qui descend dans un sol ingrat ; c'est la terre qui parle, avec ses transformations, ses produits, ses richesses. Son langage monte, s'étend et se fait écouter. La *Commission* supérieure de l'enquête agricole l'a recueilli et médité avec le sérieux qu'elle a porté dans toutes ses études.

« Son attention, dit M. Louvet, a dû se porter sur la question des engrais des villes, qui est d'un si grand intérêt pour nos cultivateurs.

« La restitution intégrale au sol des éléments de fertilité que les récoltes lui enlèvent chaque année, est aujourd'hui reconnue comme le principe fondamental

____

(1) P.-C. Dubost. *Journal officiel.*

de toute agriculture progressive ; la conséquence logique
de ce principe est l'obligation de ramener dans les campagnes la totalité des matières fertilisantes que produisent
toutes les agglomérations humaines. Si donc, au point de
vue de la salubrité et de l'hygiène, il suffit que les villes
se débarrassent des déjections et de tous les autres débris
qui proviennent de leur consommation, il est de la plus
haute importance au point de vue cultural, que ces matières puissent être utilisées pour la reproduction. Aussi,
la commission supérieure a-t-elle déclaré qu'elle consi-
dérait comme nuisible à l'agriculture et à la prospérité
du pays toute déperdition de ces matières, et notamme ҭ
le rejet dans les rivières des eaux vannes, eaux d'égout,
vidanges et autres détritus.

« Aujourd'hui, un des m⸱⸱⸱ considéré comme des
plus avantageux, au point de vue de l'économie et de la
salubrité, pour débarrasser les villes de ces détritus,
consiste à rejeter immédiatement, à mesure qu'elles se
produisent, sans préparation ni concentration, ni désin-
fection d'aucune sorte, les immondices des maisons et
des rues, et à les transporter au loin sous forme
liquide.

« C'est le système adopté par la ville de Londres, et
le meilleur emploi que l'on pourrait faire des engrais
liquides ainsi obtenus se trouverait dans l'arrosage des
prairies naturelles ou artificielles.

« Sans se prononcer sur les mérites des divers systèmes qui peuvent être employés pour cette nature de
service, la commission a émis le vœu qu'on appelle l'attention des municipalités sur l'urgence de recueillir les
engrais avec soin, et sans en rien excepter, pour les
mettre à la portée des cultivateurs, en ayant recours aux

procédés reconnus dans chaque localité comme pouvant le mieux concilier à la fois les exigences de la salubrité et les besoins de la culture ; elle a demandé, en outre, que le Gouvernement étudie les moyens à l'aide desquels on pourrait interdire, à l'avenir, de déverser dans les cours d'eau non destinés à l'arrosement des prairies, les déjections humaines, les eaux ménagères et autres, afin de les recueillir et les utiliser pour la production agricole. »

Ainsi, le problème est posé, son importance ne fait plus un doute. Les solutions cherchées par le Gouvernement ne peuvent tarder à venir. Pour nous, dans la sphère de notre action, si modeste qu'elle soit, agissons et enseignons.

VII.

Ne laissons donc pas, Messieurs les Instituteurs, comme on l'a fait trop longtemps, s'accumuler, auprès de nos écoles, dans d'énormes fosses, un engrais perdu pour l'agriculture. Usons de toute notre influence pour soustraire les municipalités aux dépenses élevées qu'entraînent le creusement et la maçonnerie de ces lieux d'aisances. Propageons ces récipients mobiles qui permettent l'enlèvement immédiat des déjections humaines ; perfectionnez-les même, afin d'en rendre l'usage moins pénible. Si vous avez un jardin, donnez l'exemple d'un emploi intelligent. Les riches produits de votre culture ne tarderont pas à vous récompenser d'un dégoût surmonté. Ils frapperont l'attention. On voudra vous imiter et vous deviendrez les promoteurs du progrès.

VIII.

A l'action, joignons un enseignement utile, large, tel que le réclament les besoins de l'époque. Trop longtemps nous avons enseveli l'enfance dans une routine stérile. Des livres où elle n'a vu que des mots ; une parole morte qui n'éveillait en elle aucune idée ; des pages couvertes d'interminables conjugaisons ou d'insipides analyses ; de prétendus exercices d'orthographe, avec des bouts de phrase, des fragments de pensée sans lieu et des termes quelquefois les plus étranges ; des abrégés d'arithmétique, d'histoire, de géographie, qui condamnent à d'incroyables efforts de mémoire. Que sais-je encore ? Déjà, pour la plupart, vous avez rejeté loin de l'enfance ce fardeau accablant. Encore quelques pas en avant. Ouvrons à des enseignements utiles et durables les intelligences qui nous sont confiées. Provoquons et fortifions la réflexion ; plaçons-la toujours en présence de la nature : c'est le livre de Dieu ; il n'y en a pas qui soit aussi riche. Apprenons à lire dans le sol et à comprendre ce qu'il nous demande en échange de ce qu'il nous donne. Ne laissons rien se perdre ; tout a son utilité, jusqu'à ces eaux ménagères jetées dans nos fermes, avec tant d'irréflexion.

Si je signale ce dernier point, c'est afin de rappeler aux institutrices un des côtés de leur mission. Il faut qu'elles précèdent la jeune fille dans le ménage pour l'initier à des devoirs souvent incompris.

Ces enseignements divers n'arriveront pas seulement par le livre de lecture. Ils se trouveront dans vos leçons orales, dans vos dictées. Et celles-ci, quand elles seront bien choisies, ne pourront-elles pas être un excellent exercice d'orthographe, plus fructueux que tant de malheureuses phrases détachées ?

En tout, poursuivez le côté pratique, profitez des données de la science pour élever l'intelligence et le cœur ; apprenez à connaître et à aimer Dieu dans la nature.

XX

**La Science. — Un des côtés de la direction à donner à
l'instruction primaire**

I.

Laissez-moi, Messieurs les Instituteurs et Mesdames les
Institutrices, vous lire d'abord une belle page :

« Il y a un demi-siècle, la science, pleine de promesses
pour ceux qui en avaient sondé les mystères, ne disait
encore rien au commun des hommes ; son langage était
peu compris, même de ceux qui tenaient dans leurs
mains les destinées des nations. On en regardait les
démonstrations et les découvertes d'un œil distrait, en
passant, et l'on disait : Que m'importe cela ?

« Bientôt, cependant, la vapeur couvrait les mers de
rapides vaisseaux ; les chemins de fer sillonnaient le
continent ; la pensée circulait d'un hémisphère à l'autre,
portée par le souffle muet du télégraphe électrique ; la
betterave de nos climats glacés bravait la canne à sucre
des régions équatoriales ; le gaz éclairait nos rues ; des
sels fossiles fécondaient les terres les plus arides, et les
couleurs tirées de la houille déposaient sur les tissus
légers des teintes qui rivalisaient avec les plus fraîches
nuances des fleurs. Mais, aussi, les navires à voiles
pourrissaient dans les ports, les messageries au repos,

les routes délaissées, les colons menacés de ruine, tous ces signes, d'une puissance irrésistible et sans cesse agissante, avertissaient les héritages et les familles qu'il fallait compter avec la science et ne pas répéter au sujet de ces découvertes : Que m'importe cela ?

« En même temps, le fer, l'acier, produits en abondance et perfectionnés ; la poudre et les matières incendiaires ou fulminantes, rendues maniables ; les armes de guerre converties en instruments de précision d'une portée inconnue et d'une puissance monstrueuse, devenaient des engins de dévastation, des instruments de mort et de domination. Devant les maisons en ruine, les moissons incendiées, les tombes sanglantes ; devant ces longues caravanes de compatriotes en pleurs, condamnés à l'exil, comment méconnaître encore que la science est devenue une force redoutable, et comment répéter de nouveau, quand on a mission de gouverner les peuples comme politique ou de les défendre comme soldat : Que m'importent ces découvertes (1) ? »

Il fallait, Messieurs, cette grande voix pour chanter les découvertes de la science. Vous voudrez vous en faire les échos, et redire, dans nos classes, à nos enfants, une autre puissance, celle de l'esprit humain et de ses progrès, le montrer derrière chaque découverte, qu'il tire du sein du monde matériel, le dominant à son gré, et le transformant en une force à laquelle rien ne résiste, quand il sait la diriger.

Souvent vous cherchez pour vos élèves des exercices orthographiques. Prenez cette page, vous y trouverez plusieurs dictées. Et que d'enseignements ! sens et rôle des mots dans la phrase ; — suite et mouvement des

____

(1) Dumas, *Secrétaire perpétuel de l'Académie des sciences.*

idées ; quelques détails sur les savants dont le nom est attaché à chaque découverte ; — un appel chaleureux à l'étude des merveilles jetées par la Providence dans la création.

II.

De cette page sort pour nous-mêmes un autre enseignement. C'est que le *que m'importe la science ?* ne peut plus se dire. Les intérêts les plus graves, nos héritages et la fortune de nos familles, la vie de nos enfants qui devront un jour, comme soldats, défendre la patrie, sont engagés dans les découvertes scientifiques que M. Dumas vient de nous décrire avec la richesse de style dont il avait le secret. Il faut qu'elles soient mises, comme il le dit; à la *portée du commun des hommes.* A l'instruction primaire de travailler à cette œuvre. Elle ne l'a peut-être pas fait suffisamment jusqu'à ce jour. Serait-il déplacé de dire que, pour réussir, dans cette entreprise, elle a beaucoup à modifier, et qu'il y a comme un côté nouveau à faire entrer dans l'enseignement?

III.

Modifier ses livres d'abord. Voyez la plupart des recueils sur lesquels on concentre presque partout l'attention des enfants. Ils peuvent, à la vérité, représenter de beaux côtés de notre littérature. Ce sont, si l'on veut, des narrations et des descriptions bien écrites, des idées morales assez ingénieusement développées; mais, entre ces compositions, point de lien; avec elles, pas un corps de doctrine qui puisse être un guide pour la vie; rien, ou presque rien qui initie les enfants aux merveilles et aux lois de la nature, aux applications que pourrait en faire le *commun* des hommes, et qui seraient pour le *soldat* un conseil et une force.

Signaler aux instituteurs et aux institutrices ce côté nouveau, impérieux, de l'enseignement, est un devoir; lui faire, dans les leçons de chaque jour, une place plus large est une obligation à laquelle nul ne peut se soustraire. Si la science est devenue une force redoutable, un instrument de richesse, de domination ou de ruine, comment laisser l'enfance grandir dans l'ignorance de cette puissance qui porte partout la vie ou la mort, suivant que l'on sait s'en servir ou que l'on est accablé par elle ?

<h3 style="text-align:center">IV.</h3>

Ne voyons-nous pas les peuples chez lesquels l'instruction primaire fait le plus de progrès, multiplier, pour les écoles, les petits traités scientifiques? On sait leur donner une forme simple, attrayante, toujours accessible à des intelligences qui commencent à se développer. Souvent des leçons orales s'ajoutent à ces ouvrages élémentaires; ou bien elles les remplacent, et l'on a même pour elles une préférence que nous explique un publiciste anglais :

« Avec des livres, dit-il, on ne s'exerce pas suffisamment au raisonnement. Là, les prémisses et les conclusions se suivent; on les a sous les regards et l'on est tenté de leur accorder une égale autorité. L'important est de trouver les moyens propres à faire tirer d'un principe, d'un fait, des conséquences auxquelles on n'a pas songé d'abord. On prendra donc pour point de départ des connaissances acquises ou des objets qui tombent sous les sens; on passera donc des procédés les plus simples à

d'autres plus difficiles ; ces conceptions complexes forme-
ront comme les composantes de nouveaux raisonnements ». (1)

V.

Les programmes à remplir ne manquent pas. En voici
d'abord qui nous viennent de l'Amérique. A Philadelphie, par exemple, des leçons orales portent, dans les
premières divisions, sur les figures géométriques, lignes
obliques, horizontales et verticales, cercles, demi-cercles,
sphères, etc. On fait aussi remarquer les diverses couleurs ; on décrit les animaux les plus familiers aux
enfants, etc.

Pour une division plus avancée, mais toujours élémentaire, on a un petit cours de botanique, où l'on parle
des plantes (2), des arbres et des fleurs, des fruits et des
graines. S'agit-il d'exciter et de développer l'esprit d'observation ? On appelle les enfants à décrire la forme, les
couleurs, les propriétés, les usages et souvent le mode
de formation des objets qui les entourent dans la classe :
glaces, encriers, craie, papier, plumes, ardoises, matériaux de construction, vêtements et nourriture. D'autres
fois on leur fait étudier Philadelphie, ses places, les
points culminants qui dominent la ville.

(1) Rev. D. Smith, *Essay on Education*, p. 23.
(2) Un jour, un membre de la *Société de Secours mutuels* nous
présentait une note pharmaceutique sur laquelle figurait la *racine
de chiendent*. N'eût-il pas mieux fait de recueillir lui-même cette
plante qui se trouve partout, et de la signaler aux enfants, avec
ses propriétés ? C'est là une connaissance utile qu'un petit *cours
de botanique* ferait entrer par l'école dans les ménages. V. Dr Saf-
frey : *Les Remèdes des Champs* ; — *Le Médecin du Foyer* ; —
La Chimie des Champs ; — *La Physique des Champs* ; — *Les
moyens de vivre longtemps.*

Et ces leçons orales n'ont pas lieu au détriment des autres parties de l'enseignement élémentaire : étude de l'alphabet, lecture, écriture, orthographe, arithmétique, musique, exercices physiques, morale. (1)

VI.

En Angleterre, les leçons orales embrassent, dans les classes, des sujets plus étendus et plus élevés. Donnons quelques sommaires :

Avec les enfants les moins avancés, on s'occupe de cultiver les facultés perceptives, et de mettre les sens en rapport avec les objets familiers à cet âge, afin d'en observer les propriétés et les qualités. C'est un fruit, un animal, la vache, par exemple, le chameau, l'éléphant, etc. Sur chaque sujet, quand on parle, on doit employer des expressions exactes.

Dans la seconde période de l'éducation, on cherche les rapports qui existent entre les diverses parties d'un objet et entre différents objets. Ainsi, dans une leçon tout élémentaire sur l'éléphant, on avait signalé ses dimensions, sa forme, les parties qui le composent ; ici, l'on rapproche de sa structure ses habitudes. Des leçons portent sur la récolte du froment, le vannage des blés, la conversion du grain en farine (2), les toiles d'araignée, l'arrosement des places publiques en été, etc.

(1) *Annual Report of the Board of public education of the first school district of Pensylvania comprising the city of Philadelphia*, 1873, p. 84, 89.

(2) Voici, par exemple, quelques questions développées ; » Pourquoi il est nécessaire de moudre le grain. — Le procédé. — Le séchage du grain ; son but. — Le criblage, le broiement, etc.

Dans une troisième période, afin d'exercer le raisonnement des enfants et de les amener à tirer de certaines prémisses des conséquences, on donne aux leçons orales une forme plus élevée.

Tantôt elles se rattachent aux diverses parties de la physique : la chaleur et son action sur les corps, l'élasticité des gaz et les machines à vapeur, la pression atmosphérique, les baromètres et les pompes, la réflexion et la réfraction de la lumière, la description de l'œil, l'usage du microscope, la ventilation et le chauffage des appartements, etc. D'autres fois, on étudie des questions de mécanique : les leviers, les poulies, les plans inclinés, les écrous, etc Et, toujours, des idées pratiques, l'application des découvertes aux usages de la vie, l'observation des phénomènes pour en chercher les lois, s'en servir ou s'y soustraire. (1)

VII.

En Allemagne, de la part d'Overberg, même ardeur pour l'étude de la nature. Et comme elle lui servait à porter la pensée jusqu'à Dieu ! Ecoutons son biographe :

« Il recommandait vivement aux élèves de l'Ecole normale la contemplation des œuvres divines ; il les y préparait par ses enseignements et les exhortait à éveiller de bonne heure l'attention des enfants sur les beautés du monde extérieur. Suivant lui, un instituteur, surtout à la campagne, doit souvent conduire ses écoliers en

(1) Morrison, *Manual of school management*, p. 306-335.

plein air, et leur faire *observer* les moindres particularités de la création, pour les habituer à se rendre compte du but auquel Dieu destine toutes choses, et du concours de chaque objet au bien général. Il citait lui-même un grand nombre de faits qui prouvent manifestement la sagesse divine, et afin de faire mieux comprendre la puissance et la grandeur de Dieu, il avait soin d'entremêler dans ses instructions religieuses un tableau abrégé des merveilles de l'Univers ». (1)

VIII.

Pourquoi ne pas le reconnaître? nous sommes encore loin d'avoir introduit dans nos classes ce mode d'enseignement. Cependant de bons livres ont été composés pour en favoriser le développement. Citons la *Science dans les jeux*, les *Leçons de choses*, par Mme Pape-Carpantier et par M. Paroz; les *Publications scientifiques* de M. Félix Hement; les *Merveilles de la Science*, par Figuier; quelques ouvrages de J. Verne; le *Fer*, par Garnier; les *Ravageurs*, par Henri Fabre; les *Ennemis et Protecteurs du Blé*; *Lectures variées sur les sciences usuelles, Histoire de l'industrie, arts et manufactures*, par M. Maigne; *Exercices d'intuition et leçons de choses*, par Mouzon, etc., etc. Il y a là toute une bibliothèque réunissant ce que l'on doit chercher pour le mettre à la portée des enfants : la simplicité, la clarté, l'attrait et l'utilité.

Mais ne faisons-nous pas dans nos classes une place

(1) Schubert, *Vie de Bernard Overberg*, p. 70. — Voy. *Les Maîtres de l'Enfance*, 1re série, *Bernard Overberg*, p. 223-241.

trop restreinte à ces livres et aux idées scientifiques qu'ils propagent? Et puis, nous préparons-nous, par des études sérieuses, à répandre cet enseignement? Les maîtres qui croient pouvoir l'improviser sont aussi incapables d'en comprendre l'importance que de le donner.

IX.

Nous devons aussi nous préoccuper de nos méthodes. Trop souvent on ne cultive dans l'enfant qu'une faculté : la mémoire. Sans doute, il faut l'exercer et l'enrichir; qui ne sait le rôle qu'elle est appelée à jouer dans le développement intellectuel et moral de l'homme? Donnons-lui beaucoup. Qu'il y ait là un trésor; nous ne pourrons jamais le rendre trop considérable. Mais ne l'oublions pas, cultiver la mémoire, ce n'est pas la charger de mots et d'une phraséologie souvent incomprise. Et cependant, voilà l'écueil trop fréquent contre lequel on se brise. On multiplie les leçons à apprendre par cœur, et plus elles sont longues, chargées de formules abstraites, plus on se montre exigeant pour la reproduction mot à mot des textes, quels qu'ils soient.

Tandis que l'on condamne l'enfant à ces efforts de mémoire, on ne s'empare pas de sa réflexion pour l'éveiller, la guider et la fortifier; on ne l'habitue pas à chercher les idées cachées sous les mots qui sont un fardeau pour lui, à les suivre dans leur développement et à en peser la valeur, afin de démasquer les sophismes ou de saisir la vérité, de comprendre un devoir et de s'y attacher, ou de savoir s'affranchir des séductions du mal.

Voyez, par exemple, ce qui se passe pour l'enseignement de l'histoire. On remet un livre entre les mains des enfants. Il est chargé de dates, les faits s'y pressent, importants ou non, dans l'ordre où ils se sont accomplis : rédaction sèche, souvent peu élégante ; à peine un souffle de vie qui circule entre les lignes. Et tout ce qui est là doit entrer dans la mémoire avec les mots, quelquefois mal accouplés, sous lesquels on a jeté des idées. Que reste-t-il, après le travail ingrat que l'enfant a dû subir? Des lambeaux de phrases et de faits, rien qui porte un enseignement moral.

C'est cependant ce dernier côté qu'il faut poursuivre incessamment. On atteint ce but, en tenant l'attention de l'enfant concentrée sur les existences que le travail, l'ordre, l'économie et la vertu ont fait surgir du sein de la foule. Elles sont là, devant lui ; il les observe, il entre dans leurs pensées, il contemple leurs sentiments, ils s'inspirent de leurs efforts ; le spectacle de leurs luttes excite son énergie, et il sort de cette étude, avec de l'élan pour le bien.

Tournez donc ses regards vers les personnages dont l'intelligence et le dévouement sont devenus, pour la famille et pour la patrie, une puissance et une gloire, vous ferez, comme en Allemagne, du patriotisme un fruit de l'école ; avec votre enseignement, il descendra dans les masses, ou du moins vous l'y réchaufferez et l'y forti-fierez. Voilà, sous une forme très restreinte, ce que peuvent, dans l'ordre moral, l'observation et la réflexion se substituant à l'étude exclusive des mots, à la culture inintelligente et isolée de la mémoire.

X.

Et l'observation dans l'ordre physique? Apprenons à

nos enfants à se rendre compte des phénomènes qui pressent, dans tous les sens, leur existence, qui contribuent à son développement, ou portent en eux des principes qui l'altèrent.

Ici, des êtres qui protègent nos travaux des champs; là, des insectes dont l'action incessante rend inutiles les sueurs de l'homme. Pourquoi ne pas signaler, comme il conviendrait de le faire, les caractères et les mœurs de ces êtres utiles ou nuisibles, la marche des ravages exercés par ces derniers, la valeur des remèdes que les premiers nous apportent? D'un côté, des ennemis à détruire; de l'autre, des auxiliaires à défendre et à multiplier. Mais les moyens, si nous ne faisons connaître ni les uns ni les autres?

Ailleurs, des industries, plus ou moins importantes, vont saisir l'enfant au sortir de l'école. Il leur demandera souvent le bien-être pour lui-même et pour sa famille; quelquefois, il pourra trouver en elles une source de richesse. Pourquoi, dans la classe, le laisser étranger aux découvertes scientifiques, sans lesquelles rien ne prospère? Qu'il étudie, qu'il observe et qu'il réfléchisse, il se trouvera tout armé pour le jour où, quittant l'école, il entrera dans la société des travailleurs.

On nous reproche de ne rien mettre au bout des doigts et dans le regard de nos enfants. Que leur main devienne donc plus apte à manier adroitement l'outil du travail, quel qu'il soit; que l'éducation de leur vue se forme; qu'il y ait dans leurs yeux de la perspicacité et de la promptitude pour apprécier la forme, la couleur et la distance des objets, leurs qualités et leurs propriétés: que, sous notre direction, ils soient initiés à voir et à juger sainement, dans le monde physique comme dans le monde moral ; qu'ils contractent l'amour de la vertu ; peut-être nous sera-t-il donné de voir quelque bien répondre à nos efforts.

XXI

L'enseignement agricole.

Nous avons essayé de montrer, ailleurs, l'importance de cet enseignement, la forme qu'il convient de lui donner et les résultats heureux que l'on peut en attendre (1). Ici, nous toucherons légèrement les mêmes questions, car nous avons à reproduire une partie de l'*Instruction* publiée par l'autorité supérieure sur l'*application des programmes* arrêtés pour les écoles normales primaires. Tout ce document renferme des conseils précieux. Il est à méditer. Nous en détacherons les passages relatifs à l'agriculture :

« Il n'y a pas lieu, dit l'*Instruction*, de s'étendre longuement ici sur l'enseignement agricole : toutes les directions pédagogiques qui le concernent se trouvent très clairement développées dans le *Plan général d'un cours d'agriculture* qui a été récemment envoyé dans toutes les écoles normales et dans la note préliminaire qui accompagne ce document. C'est un programme spécial et détaillé, dans lequel le professeur puisera de très utiles indications. Il ne sera pas superflu cependant de rappeler

(1) *Leçons élémentaires de pédagogie pratique*, p. 219-224 — 4° édit.

que, si l'enseignement agricole doit occuper une place honorable dans nos écoles normales, ces établissements ne sont pas des instituts agronomiques, et qu'ils ne sauraient prétendre à former des praticiens ; le temps manquerait d'ailleurs à une telle entreprise. Ce qui est nécessaire, c'est que les élèves-maîtres emportent de l'école des connaissances exactes sur le sol et les moyens d'en améliorer la constitution, sur les principales cultures régionales, sur la tenue d'une ferme, d'un jardin, etc.; c'est encore qu'ils soient en mesure d'enseigner à l'école primaire les éléments de cette science, de donner un bon conseil autour d'eux, et au besoin de combattre efficacement la routine et les préjugés. Pour arriver à ce résultat, il suffira d'un enseignement sobre et clair, appuyé sur la visite des fermes les mieux tenues du voisinage sur quelques travaux de laboratoire et sur de fréquentes applications, soit dans le jardin, soit dans le champ d'expériences de l'école. » (1).

Ainsi, dans nos leçons sur l'agriculture, point de théories étendues, visant à former des praticiens, mais un enseignement clair, sobre, signalant la nature du sol, les moyens de l'améliorer, les principales cultures régionales, la bonne tenue d'une ferme, d'un jardin ; puis, des promenades agricoles, voilà le programme. Nous croyons, du reste, l'avoir esquissé déjà. (2)

A ces promenades agricoles il serait avantageux, il nous semble, de rattacher des promenades et des collections insectologiques. Il faut en montrer l'utilité et tracer la voie à suivre pour les conduire à bonne fin.

(1) Voy. le *Journal général de l'Instruction publique*, 19 novembre 1881, p. 777.

(1) Voy. *Leçons élémentaires de pédagogie pratique*, p. 219-221

XXII.

L'insectologie et les Instituteurs.

Rapport présenté à la Société Linnéenne
de Normandie.

Le 16 juillet 1874, un député, M. Ducuing, disait au sein de l'Assemblée nationale : « Les dégâts causés par les insectes ne peuvent pas être évalués à moins de 300 millions pour l'ensemble du territoire, non compris les ravages du *phylloxera* qui font plus que doubler probablement le dommage. »

Il ajoutait : « Rien ne résiste à ces terribles ravageurs, la plupart imperceptibles, ni les bois, ni les plantes, ni les herbages, ni les fleurs, ni les fruits. Pour quelques générations d'insectes qui disparaissent, d'autres les remplacent dans l'œuvre de destruction, et l'invincible légion grossit sans cesse, à mesure que les cultures s'étendent et se perfectionnent. Comme l'a dit le poète : « La mort poursuit la vie avec une ténacité jalouse. » Et, dans sa marche incessante, « elle prélève sur notre sol un tribut deux fois plus lourd que l'impôt foncier. » (1)

---

(1) M. Ducuing, *Rapport sur les mesures nécessaires pour arrêter les ravages causés par les insectes nuisibles à l'agriculture*, p. 12.

Signaler la gravité du mal, c'est faire comprendre combien il est urgent de travailler à l'arrêter. M. Ducuing indiquait des mesures à prendre afin de prévenir ou de circonscrire les ravages des insectes. Il s'agit d'abord d'organiser ce qu'il appelle une « campagne insectologique ». Rechercher les espèces nuisibles et celles qui ne le sont pas, étudier les mœurs de celles-ci et les ruines amoncelées par les autres, puis faire pénétrer partout et vulgariser les procédés de destruction et de préservation, tel est le but. Les autorités chargées de veiller à la sauvegarde des intérêts publics, ont, d'après le projet de M. Ducuing, une part, toute de direction, à prendre dans ce travail. Aux Conseils généraux, il demandait de voter un centime départemental. Et voici quel en devait être l'emploi :

1° Munir chaque école primaire d'une collection d'insectes nuisibles et d'insectes utiles, propres à chaque département ;

2° Instituer dans l'école normale du département un cours d'entomologie élémentaire ;

3° Constituer des primes qui récompenseraient les vainqueurs de la campagne entomologique.

De l'adoption de ces mesures devait résulter, pensait M. Ducuing, « une vulgarisation immédiate des procédés de destruction, et une émulation à les appliquer dont on peut attendre les résultats les plus efficaces. » (1)

C'étaient là ses espérances et celles de la Commission qui l'avait choisi pour secrétaire. En autorisant les Conseils généraux à voter le centime facultatif qu'il sollicitait, l'Assemblée nationale les a sanctionnées.

____

(1) *Rapport de* M. Ducuing, p. 5.

Des ressources sont donc possibles ; c'est un avenir fécond préparé, dans les départements, en faveur de la science insectologique. Les savants ne peuvent manquer pour en tirer bon parti et en assurer l'utile emploi là où le législateur a voulu les faire pénétrer.

A Paris, s'est déjà formée une *Société internationale d'insectologie agricole.* Elle ne se bornera pas, comme on l'a fait trop souvent, à décrire les insectes et à les classer dans des collections. Elle veut spécialement étudier leurs transformations diverses et leurs mœurs ; autant de secrets à pénétrer pour trouver les moyens de détruire ceux qui sont nuisibles.

Déjà des expositions d'insectes ont manifesté ses vues et vivement excité l'attention ; elle se présente aujourd'hui avec un programme plus large que les précédents. Il s'agit d'établir des concours, d'organiser des expositions, de former une école d'insectologie pratique, de créer un bureau central qui doit se mettre en rapport avec les savants du monde entier. Voilà un mouvement imprimé.

Ce que les savants doivent poursuivre sur une grande échelle, avec toutes les ressources dont ils disposent, ne pourrions-nous pas le tenter en petit, avec nos instituteurs ? Notre rôle serait bien humble, comme il doit l'être : regarder à nos pieds pour chercher l'insecte que nous entendons bruire sous l'herbe, suivre dans son vol celui qui bourdonne à nos oreilles, détacher des feuilles, des fleurs et des fruits les ennemis qui en épuisent la substance : puis réunir tous les êtres ainsi découverts et demander à la science ses lumières, afin d'arriver à des classifications exactes et utiles, de protéger les insectes qui combattent en notre faveur et de prévenir ou d'arrêter les ravages des autres. Ainsi se réaliserait un vœu de M. Ducuing : doter d'une collection d'insectes chaque école de village (1). Là, nos propriétaires et nos cultivateurs viendraient contempler l'ennemi qui s'engraisse de leurs sueurs et rend souvent stérile une partie de leurs travaux. Ils se trouveraient bientôt armés pour le combattre, le surprendre dans sa marche destructive et voir plus tard se transformer en trésors les principes féconds dont la Providence enrichit le sol et dont il arrête le développement.

Il y aurait un autre spectacle : celui du petit insecte qui travaille avec l'homme, qui suit la charrue pour débarrasser la terre de l'ennemi qui s'y cache, qui veille sur la semence jetée dans nos sillons et qui protège nos épis, nos prairies, les fruits suspendus à nos arbres. Ainsi l'école, devenant pour tous un centre d'instruction, exciterait un intérêt plus général et prendrait plus de vie intellectuelle et morale.

Un appel adressé, sous votre haut patronage, à tous nos instituteurs les rallierait promptement à cette entreprise; ai-je besoin de vous dire le dévouement que l'on trouve toujours en eux, quand il s'agit des intérêts publics?

Un de nos collègues les plus autorisés, M. Leblanc, ingénieur en chef, pourrait vous dire ce que tentent les élèves de l'École normale sous la direction de leur intelligent professeur, M. Vieillot.

Je voudrais encore, je vous l'avoue, poursuivre un autre but. Et voici pourquoi : nous passons, ce me semble, trop indifférents au milieu des êtres de la création,

(1) *Rapport* de M. Ducuing, p. 9.

nos regards se portant rarement vers les merveilles de tout genre, amies ou ennemies, qui nous pressent sans cesse. Je ne parle pas, vous le comprenez, des hommes éminents attachés à des sociétés comme la vôtre, mais je me place au sein de nos écoles, et je vois là, dans son ensemble, ce qu'a été le passé, ce qu'est le présent et ce que ne devrait pas être l'avenir.

Nous sommes à peu près ce que nous ont faits la direction à laquelle on nous soumet et les livres que l'on nous donne. Dans la plupart de ces volumes se trouvent, je le reconnais sans peine, de belles pages, de riches narrations et descriptions, des morceaux philosophiques et religieux d'une haute valeur, tout ce qu'il y a de plus fini dans la littérature française : récits des batailles de Rocroi ou d'Austerlitz, de la mort de Turenne; tableau fort poétique de la chute du Niagara ; exorde de l'Oraison funèbre de la reine d'Angleterre, etc. Je m'arrête ; nous sommes si riches qu'il suffit de prendre des ciseaux pour détacher de nos trésors littéraires d'épais volumes. Et, je vous prie de le croire, j'aime, sans y avoir beaucoup de mérite, nos grands siècles et leurs productions, l'art avec lequel ils enchaînent leurs pensées et la hauteur à laquelle ils savent nous porter.

Mais, je me le demande quelquefois, nos classes primaires sont-elles ouvertes seulement pour former des littérateurs? je dirai moins, pour former une génération qui abuse de la plume, et, à défaut de pensées, couvre le papier de mots, souvent mal orthographiés et répondant à des idées aussi peu droites sur leur base? Ne peut-on pas apprendre à lire dans des livres où l'on trouve un autre ordre d'idées, sans négliger, toutefois, celles qui précèdent?

13.

Nos enfants doivent, pour la plupart, vivre au grand air, au milieu des champs, sur un sol où tomberont leurs sueurs, et dont ils ne pourront développer la fécondité sans rencontrer de grands obstacles. Pourquoi ne pas les habituer, tout jeunes, à les considérer pe les tourner, ou, ce qui vaudrait mieux encore, pour les faire disparaître? Il ne s'agit pas de faire de la science; je sais comment cette prétention serait traitée, et avec raison; mais pourquoi n'apprendraient-ils pas à regarder ce qu'ils voient? Il faudrait, ce me semble, développer en eux, dans l'école même, un double sens, celui de l'observation, et un autre, tout pratique, qui s'inspirerait des données du premier et y trouverait une force dominatrice. Est-ce là ce que nous faisons? Non, trop souvent. Si nous rencontrons une intelligence qui paraisse apte à s'étendre, nous pouvons lui ouvrir le monde idéal, où elle aura, sans doute, des jouissances, et la nourrir de la grande littérature. Mais, comme le dit un poëte, il n'est pas donné à tout le monde *d'aborder à Corinthe.* Quiconque n'a pas assez de vigueur pour traverser la mer fait naufrage. Qui ne sait pas goûter les belles périodes ne voit souvent, dans nos livres, que des mots qu disparaissent sans laisser aucune trace. N'exposons ni la vie ni l'avenir intellectuel de nos enfants; qu'ils sachent regarder à leurs côtés, étudier l'objet matériel de leurs idées, en même temps que l'objet idéal, et voir où ils posent le pied, soit sur un danger qu'il faut éviter, soit sur une force à laquelle il faut rallier toutes leurs facultés physiques, intellectuelles et morales. L'habitude de l'observation met dans l'esprit, dit Bacon, de la perspicacité, de la promptitude et de la fermeté. Ouvrons celui de nos enfants à cette puissance qui doit le développer et le fortifier. Qu'ils apprennent à connaître les êtres au milieu desquels ils vivent, et qui, plus tard, seront pour eux des auxiliaires précieux ou de redoutables adversaires. Dans cette étude, nous ne les placerons pas en présence.de théories abstraites, souvent au-dessus de leur intelligence, mais au sein d'une nature vivante, qui les saisira par toutes leurs facultés. A chaque pas, ils trouveront écrit, en des caractères intelligibles pour tous, un livre qu'ils pourront lire, le matin et le soir, dans leur trajet pour se rendre en classe ou dans la famille, pendant leurs promenades et leurs récréations. Ils en recueilleront les feuillets, sous la direction de leur maître, et chacune de ces feuilles sera un nouvel insecte qui trouvera sa place dans la collection de l'école.

Et qui ne comprend que pendant ces recherches, dont l'intérêt ira toujours croissant, il restera peu de temps pour des actes malheureux ou des paroles entraînant au mal? La pensée se tenant droite, les conversations le seront aussi, et une instruction toujours saine se donnera sur la route qui conduit de la maison paternelle à l'école.

Il me semble voir un autre résultat se préparer. L'étude des insectes, utiles et nuisibles, conduira nécessairement nos enfants vers celle des oiseaux qui défendent nos travaux contre ces derniers. Bientôt leur rôle protecteur sera compris. On peut espérer dès lors, comme le fait M. Ducuing, que l'école changera les habitudes des enfants, regardés, non sans quelque raison, « comme les plus impitoyables dénicheurs d'oiseaux, avec la pie et le geai, et que les primes assurées à la protection des nids stimuleront ce petit monde à les protéger autant qu'il paraît porté jusqu'ici à les détruire. »

Ajouterai-je que rien ne me paraît propre comme l'étude de la nature à adoucir les mœurs et à élever les âmes vers Dieu ?

Si vous jugiez ces idées dignes de quelque attention, je ne m'efforcerais pas seulement de les faire goûter à nos enfants, j'essaierais aussi, avec l'agrément. de l'autorité, de préparer, pour une époque rapprochée, une Exposition insectologique. Elle réunirait les êtres recueillis dans chaque commune par nos maîtres et nos enfants. Cet apport, bien modeste, ne serait peut-être pas sans aider quelque peu à dresser pour le département la nomenclature demandée par M. Ducuing.

Mais nous sommes trop faibles dans nos classes pour marcher seuls ; permettez-moi de solliciter les lumières et la direction de la Société Linnéenne, de lui demander un programme, ses encouragements et une commission qui devienne notre guide. Je vous offre la bonne volonté des Instituteurs ; soyez notre force.

Après avoir entendu ce Rapport, la Société Linnéenne, conformément au vœu exprimé, a nommé une commission composeé de MM. Fauvel, Goesle et Hébert-Duperron.

II.

Instructions pour la chasse aux insectes.

Cette Commission, qui avait appelé dans son sein M. Veillot, maître-adjoint à l'École normale, a chargé M. Goesle, professeur au Lycée de Caen, de rédiger les instructions qui suivent :

« Pour la chasse aux insectes, il est nécessaire de se

procurer divers instruments. Il est vrai que les marchands d'objets d'histoire naturelle vendent tout l'attirail; mais ils le vendent fort cher, et il faut aller le chercher à Paris. Je crois donc utile d'indiquer en quelques mots la manière dont je me suis équipé moi-même, sans avoir recours à tous leurs coûteux appareils.

« Un filet à prendre les insectes peut se faire de la manière suivante : on fait un sac de tulle noir fin, ou de gaze, de trente centimètres de large, et dont le fond se termine en pointe. On fixe autour du bord un cercle en gros fil de fer et on l'emmanche au bout d'une canne.

« Il est bon d'en avoir un second en étoffe plus solide, en canevas, par exemple.

« Le tulle et le canevas sont trop raides, quand ils sont neufs; mais il suffit de les mouiller et de les laisser sécher ensuite pour les rendre plus souples.

« Pour rapporter les insectes qu'on a pris, il faut se munir d'un petit flacon à large goulot. Les petits barils de verre, que l'on vend pleins de moutarde, chez les épiciers, sont excellents pour cet usage. On y adapte un gros bouchon de liège, assez long pour qu'on puisse l'ôter et le remettre facilement, mais bouchant bien. On remplit ce flacon à moitié, avec de la sciure de bois fine, et on y verse quelques gouttes de *benzine*. C'est là-dedans qu'on met les insectes à mesure qu'on les prend. On peut même les y laisser plusieurs mois sans inconvénient, pourvu qu'on y remette de la benzine de temps en temps, tous les quinze jours, par exemple. — Les papillons ne doivent pas se mettre dans la sciure de bois. Il faut même éviter soigneusement de toucher leurs ailes. Quand un papillon est pris dans le filet, on

lui serre le corselet entre les doigts, à travers le filet ;
puis, en prenant le filet par le fond, on fait tomber le
papillon. On le prend ensuite par le corselet et on le
pique. Il faut être muni d'une boîte dont le fond soit
garni de liége pour y piquer les papillons, et cette boîte
doit être assez profonde pour que les ailes ne touchent
à rien. On doit mettre quelques gouttes de benzine sur
le corps de l'insecte, afin qu'il ne se réveille pas de
l'évanouissement produit par la pression sur le corselet ;
l'épingle le traverse et ne le tue pas.

« Pour piquer les insectes, il faut avoir des épingles
spéciales. A Paris, elles coûtent 1 fr. 90 le mille. Les
épingles ordinaires sont trop courtes et trop grosses.
Les coléoptères se piquent sur l'élytre droite. Les autres
insectes, sur le milieu du corselet. On doit enfoncer
l'épingle de manière que le quart seulement de sa longueur dépasse en dessus.

« Voici maintenant quels sont les endroits où il faut
chasser :

En janvier.

« Surtout sous les mousses, les fagots, les feuilles
mortes, les écorces ; par les beaux jours, au soleil, dans
les sablonnières, sur les chemins, tamiser les fourmilières. »

En février.

« Chasser comme en janvier. Chercher sous les
pierres, dans les endroits exposés au soleil, sur les
coteaux très arides. »

En mars.

« Sous les pierres, surtout dans les terrains chauds
les dunes et les rivages de la mer. »

En avril.

« Comme en mars. Chercher dans les fourmilières, sous les pierres, dans la mousse des marais et sur la vase, au bord des eaux douces ; secouer les branches des arbres, ou les frapper avec un bâton, après avoir étendu une serviette dessous, ou mieux un parapluie renversé. *Faucher* sur les plantes en fleurs, c'est-à-à-dire traîner le filet dessus, de manière à y faire tomber les insectes qui sont cramponnés aux plantes : *saule, primevère*, etc. »

En mai.

« Chasser comme en avril, surtout battre les arbres et les plantes en fleurs : *aubépine, poirier, pommier*. —

« Pêcher dans les eaux douces et saumâtres : pour cela, on prend le filet en canevas (trouble-eau), on l'enfonce dans l'eau, de manière à le ramener en partie plein de vase ; ensuite, on trempe, à plusieurs reprises, sa partie inférieure dans l'eau, toute la vase fine s'écoule à travers la toile, et les insectes restent dans le filet avec les détritus trop gros pour traverser. — Explorer les cadavres et les déjections: *bouses, fumiers*, etc.

En juin.

« Chasser comme en avril et en mai. Battre les arbres dans les forêts, en ayant toujours soin de mettre au-dessous une serviette, ou d'y tendre un parapluie renversé. — *Faucher*, avec le filet, dans les prairies et sur les lisières des bois, surtout le soir ; explorer les grottes et les zones subalpines des montagnes. »

En juillet.

« Chasser sur les plantes en fleurs : *Ombellifères,* etc., sur les arbres abattus, dans les vieilles souches, sous les algues ; battre les fagots au-dessus d'une serviette étendue à terre : explorer les lichens, pêcher dans les eaux douces avec le trouble-eau ».

En août.

« Chasser comme en juillet, surtout dans les régions élevées et humides, sur le sable et la vase au bord des eaux. *Faucher* sur les plantes par les temps d'orage. »

En septembre.

« Chasser sous les pierres et les algues au bord de la mer ; battre les plantes en fleurs ; explorer les végétaux décomposés, les fagots, les fruits pourris, les champignons et agarics ».

En octobre.

« Explorer surtout les champignons et les agarics ; battre les fagots ; chasser sous les écorces et les feuilles mortes. »

En novembre.

« Prendre les détritus apportés par les inondations et les mettre dans un sac dont on ferme bien l'ouverture. En l'ouvrant le lendemain, on trouve un nombre considérable d'insectes qui grimpent le long du sac. Les détritus en renferment beaucoup d'autres ; enfin, lorsqu'on n'y en voit plus, on met une poignée de ces détritus sur une plaque de fer et on chauffe en dessous. La chaleur fait sortir beaucoup d'insectes qu'on n'avait pas aperçus.

— Chasser sous les mousses, les lichens, les fagots, les écorces, les feuilles mortes ».

En décembre.

« Chasser comme en novembre ».

« Les papillons exigent des soins particuliers. Quand on les a piqués dans leur boîte, ils se dessèchent promptement, et si on voulait leur étendre les ailes, on les casserait. Mais il est facile de les ramollir. Pour cela, on les pique sur une plaque de liège, que l'on met sur une assiette. On verse de l'eau sur l'assiette et on recouvre le tout d'un grand verre renversé ou d'une cloche à fromage, de manière que les bords du verre ou de la cloche plongent dans l'eau. Le papillon se trouve ainsi dans la vapeur d'eau, et, au bout de deux ou trois jours, il est assez ramolli pour qu'on puisse donner aux ailes la position que l'on veut ; mais il ne faut y toucher qu'avec la pointe d'une aiguille, et très près du corps. Autrement, on les déchire ou bien on enlève la poussière colorée qui les recouvre.

Voilà les choses les plus importantes à observer pour collectionner les insectes. Quant aux détails, l'intelligence des chercheurs doit suffire pour modifier, selon les circonstances, la manière d'agir. »

Y. GOESLE,
Professeur au Lycée de Caen.

OUVRAGES A CONSULTER :

Les *Insectes utiles*, les *Insectes nuisibles* ; — les *Ennemis et les Protecteurs du blé*, les *Ravageurs* ; — Les *Lépidoptères du Calvados* ; — *Synopsis des espèces normandes.*

XXIII

Une réunion d'instituteurs et d'institutrices.

I.

§ 1er. *Promenades insectologiques.*

Le mardi 18 mai 187..., près de 150 instituteurs et institutrices se pressaient dans la grande salle de l'Inspection académique.

Au bureau siégeaient M. le Président honoraire de la Société d'Agriculture et de Commerce de Caen, des membres de la Société Linnéenne de Normandie, MM. les Inspecteurs primaires du département, MM. le Directeur et les maîtres-adjoints de l'École normale, etc.

M. le Président de la Société d'Agriculture et de Commerce de Caen voulut bien présider cette réunion.

La parole fut donnée à M. l'Inspecteur d'académie, et le but de la réunion développé dans le rapport suivant :

MESSIEURS,

« Dans cette réunion, deux questions surtout doivent nous préoccuper : 1° Une Exposition insectologique,

ayant un caractère tout départemental, est-elle de nature à offrir quelque utilité et pouvons-nous l'essayer?
2° Serait-il important au point de vue des études géographiques et de l'enseignement par les yeux, d'y joindre un petit matériel scolaire et des collections représentant les principaux produits naturels ou manufacturés du département? »

Nous ne nous occuperons pas ici de cette dernière question; la plupart des idées présentées ont été reproduites dans le chapitre relatif à *l'ornementation des classes* (1). Bornons-nous à la première.

« Je dois, dit M. l'Inspecteur, vous parler *Insectologie*. Je ne m'engage qu'en tremblant sur ce terrain; il y a là pour moi des ornières, et quand on ne se sent pas le pied sûr, on craint toujours quelques blessures. Heureusement, je vois à mes côtés des guides intelligents, des maîtres qui, je l'espère, voudront bien me couvrir de leur indulgence et me tendre la main pour que j'évite plus d'une chute. Aussi, je m'enhardis à vous le redire, je voudrais pour chaque école une petite collection insectologique.

Il y a là, pour nos enfants, un complément nécessaire des notions agricoles qu'ils reçoivent. Vous leur faites connaître la nature et la composition du sol, les meilleurs procédés de culture et d'élevage, les instruments aratoires perfectionnés. Qu'ils prennent goût à cet enseignement; que les familles y attachent elles-mêmes de l'importance, les résultats obtenus et ceux qui se préparent le prouvent. En ce moment, dans quatre cantons

____

(1) Voy. ci dessus, p. 88.

d'un seul arrondissement, plus de 500 enfants se sont fait inscrire pour prendre part aux concours agricoles.

Mais ne nous reste-t-il rien à faire ? L'insectologie, sous sa forme la plus simple, ne pourrait-elle pas prendre place dans les programmes de nos concours ? Qui ne sait combien de dégâts les insectes causent chaque année à l'agriculture? Dans nos écoles, nous propageons, autant que nous le pouvons, des notions propres à attacher les enfants à la culture de la terre; pourquoi ne pas leur faire connaître les ennemis de leurs travaux et ne pas leur signaler, pour qu'ils les protègent, les oiseaux qui, tels que la corneille-freux, les alouettes, les verdiers, les rouges-gorges, l'hirondelle, etc., nous défendent contre ces terribles ravageurs?

Nous vous parlons aujourd'hui pour la première fois d'une science qui vous est, pour ainsi dire, inconnue. Ne vous effrayez pas trop cependant ; ce que nous vous demandons n'est pas chose impossible : qui sait regaider et étendre la main a tout ce qu'il faut pour recueillir les éléments d'une collection insectologique.

M. Goesle vous a fait connaître, avec sa haute compétence, les lieux où vous pouvez trouver ces éléments(1). Il ne s'agit pas pour nous, je le répète, de faire de la science; contentons-nous d'être les disciples très attentifs des maîtres autorisés qui appartiennent à la Société Linnéenne de Normandie. Plus nous comprendrons notre rôle modeste, plus nos enfants se sentiront eux-mêmes disposés à nous suivre, et il nous sera, ce me semble, facile de les intéresser.

Commençons, si vous le voulez bien, nos promenades

(1) V. ci-dessus, p. 228-233.

par les conduire près des fraisiers qui leur sourient en ce moment. Quelques-unes de ces plantes paraissent, hélas ! se flétrir, et leur fruit ne nous promet guère le développement et les couleurs vermeilles que nous aimons tant. Arrachons, sous les regards de nos petits observateurs, le pied malade. Voici l'ennemi à tête fauve, à six pattes et au corps terminé par une tache bleuâtre. Nos enfants le connaissent ; vous leur direz son origine, le rôle destructeur qu'il remplit, et vous les intéresserez aux êtres qui le poursuivent (1).

En même temps, vous entendrez peut-être bourdonner à vos oreilles le hanneton qui paraît vers l'époque où fleurissent nos pommiers. Etudiez l'insecte ; exposez sa fécondité, ses ravages et laissez la corneille-freux, le moineau lui faire une guerre sans trêve ni merci.

Un autre jour, pendant que nos champs de blé ondulent sous un rayon de soleil qui court avec le vent, arrêtez les regards de vos enfants sur la petite tige qui s'élève au-dessus des sillons pour chercher l'air et la lumière. Là vous verrez se croiser dans tous les sens des mouches presque imperceptibles, et aux brillantes couleurs cependant : c'est le *Chlorops*. Dans son vol rapide, il perce la tigelle, et il y dépose un œuf ; viendra une larve qui l'altérera.

Ailleurs, voici la *Tipule* qui s'attaque à nos avoines ; la *Teigne* du printemps qui dépose ses œufs dans les épis sortant de leur fourreau ; la *Cécidomye* qui s'abat sur l'épillet, quand la fleur commence à paraître, et y laisse un œuf ; puis encore une larve et ses ravages.

(1) V. *Les Ennemis et Protecteurs du blé*, 1 vol. in-12.

Allez donc à la chasse de ces insectes, et qu'ils paraissent à leur rang dans votre collection.

Quand juillet viendra et que vous entendrez le *tuit,
tuit* du Pouillot retentir sur nos champs de blé, suivez le
petit oiseau dans sa course incessante, et dites : l'*Alucite*
est là. Essayez vous-même de saisir ce nouvel ennemi,
dont la larve, en certaines années, a fait subir à notre
agriculture une perte de plusieurs millions. Avec les
gerbes de blé, ses œufs entrent dans nos meules et dans
nos granges ; sa larve vide notre grain de froment et elle
ne nous laisse plus que l'enveloppe. Quoi de plus curieux
à recueillir !

Tout près de cette larve, dans votre collection paraîtra
le charançon, un autre insecte auquel nous devons, hélas!
tant d'épis légers.

Voulez-vous le charançon dans d'autres conditions?
Écoutez un récit qui peut devenir pour nous une leçon:

« Un jour, par des chaleurs semblables à celles que
nous traversons, les bourgeons des poiriers et des pommiers commençaient à s'épanouir. « Je crains bien, dit
à un insectologiste son jardinier, que Monsieur n'ait pas
beaucoup de pommes cette année. — Et pourquoi cela,
mon brave ? — Parce que les fleurs commencent à se
brûler, le soleil était trop chaud hier, avant l'orage.
Voyez vous-même. » Et il me montra des boutons de
fleurs dont les enveloppes extérieures commençaient à
se crisper, tandis que quelques-uns des bourgeons prenaient une teinte jaunâtre. Je regardai attentivement le
pommier nain dont nous nous approchâmes. — « Ah!
brigand, je te tiens ! », et au moyen d'une pincette que

je porte toujours sur moi, ajoute le savant, je retirai un
petit charançon gris brun, long tout au plus de trois mili-
limètres, qui se tenait caché sous une écaille soulevée de
l'écorce. — « Voilà, dis-je au jardinier, un des malfaiteurs.
C'est le charançon des pommiers. Ces bourgeons rasés
au bout sont son ouvrage, et, si vous voulez voir son œuf,
je vous le montrerai dans ce bouton de fleurs trouvé
près de la tige et qui commence à jaunir. » Le jardinier
fait une figure incrédule. J'écarte avec ma pince les feuilles
crispées qui enveloppent les fleurs et j'en retire quelques
petites chenilles, les unes vertes à tête noir, les autres
d'un rouge brun qui se démènent sur ma main et cherchent
à se sauver en se laissant tomber pendues à un mince
fil. En fouillant entre les fleurs, je retire peut-être une
demi-douzaine de ces chenilles, longues à peine de trois
millimètres et grosses comme un fil. — Voilà, dis-je au
jardinier, les autres ennemis de nos pommiers. Ce sont
des chenilles tordeuses que vous verrez grandir aux dépens
des fleurs qu'elles sont en train de dévorer. Croyez-vous
que ce soit le soleil qui les brûle? — Ah! monsieur, me
répond le jardinier, mon ancien maître m'avait toujours
dit que rien n'était plus pernicieux pour les fleurs que de
fouiller les bourgeons comme vous le faites. Maintenant,
je vois que j'avais tort. Maudites chenilles! Etre si petites
et causer déjà tant de mal! Mais que faire pour arrêter leurs ravages! — Laissez seulement agir mes
garçons, lui répondis-je. L'un s'occupe d'une collection
de coléoptères, l'autre élève des chenilles pour en avoir
les papillons. Dans leurs moments de loisirs, ils vous aide-
ront à chercher les malfaiteurs. Si, au lieu de les chasser
du jardin, vous stimulez leur ardeur, vous en verrez les
bons effets. — Monsieur, répond le jardinier tout ébahi,

monsieur pourrait bien me prêter une pince comme il en
a une, je saurai m'en servir ». (1)

La morale à tirer de ce récit est des plus simples :
c'est que, d'abord, nous mettons souvent sur le compte
du soleil des méfaits qui n'ont d'autres auteurs que les
charançons ou autres insectes de nature plus ou moins
approchante. En second lieu, regardons aux bourgeons de
nos pommiers, et, si nous les voyons se crisper, en-
voyons nos enfants collectionner des coléoptères ou des
chenilles. A leur défaut, laissons les oiseaux nous débarrasser des malfaiteurs. Leur bec, leur flair et leurs
regards n'ont pas moins d'importance que la pince du
savant, laquelle, soit dit en passant, est toujours un
très bon avoir. Ce faisant, nos pommes pourront nous
rester.

J'esquisse seulement à grands traits quelques-uns
des côtes de nos observations. Elles nous placent, vous
le voyez, en pleine nature, tantôt près d'une tige bien
délicate, qui doit porter, dans ses développements, un
des éléments de notre vie; tantôt sous les pommiers qui
nous récréent et nous embaument par leurs fleurs si
délicates et leurs parfums si suaves. Comment nos
enfants ne s'intéresseraient-ils pas à ces études? Leur
signaler les ennemis qui attaquent, ici, la fleur du
pommier; là, nos moissons et nos arbres; ailleurs, nos
fraisiers, c'est les armer contre eux et les attacher aux
êtres créés par la Providence pour nous venir en aide.
Que ces derniers travaillent sur la terre ou qu'ils voltigent

(1) Carl **Vogt**, *Leçons sur les animaux utiles et nuisibles*,
p. VIII-XI.

dans les airs, ce sont nos auxiliaires, les protecteurs de nos moissons et de notre vie ; apprenons à les aimer.

Ici, vous le voyez, je ne me renferme que dans un ordre d'idées. Cependant, le champ de nos observations est déjà bien vaste. J'aurais voulu vous faire comprendre quelle utilité nos enfants peuvent trouver à le parcourir. Vous saurez surtout, en les plaçant au sein d'une nature si riche, où la vie et la mort se livrent des combats terribles, élever leur esprit vers le Créateur et les pénétrer de cette pensée qu'il laisse toujours la vie à qui sait lutter vaillamment.

Ce champ, si plein de merveilles, nos maîtres que voici l'étendront encore, et ils vous y guideront avec l'autorité que donne la science. Tous les jours, sous l'influence de leurs conseils, nous sentirons notre esprit s'ouvrir par quelques côtés; il entrera dans l'œuvre de Dieu avec une admiration plus respectueuse et il sera plus fort pour la faire goûter à nos enfants. Ils deviendront, et nous deviendrons nous-mêmes plus hommes, parce qu'il y aura plus d'étendue dans notre intelligence, et, dans notre volonté, plus d'aspirations pour monter vers Dieu.

De nos recherches, nous rapporterons les éléments de nos collections. Trop inexpérimentés pour les classer nous-mêmes, nous vous demanderons, Messieurs les Entomologistes, avec l'aumône d'un peu de votre temps, la lumière qui nous éclairera. Nous n'avons pas la prétention de préparer une Exposition digne de l'attention des savants. Apprendre de vous à parler à nos enfants de l'œuvre de Dieu et à réunir, dans nos collections, des éléments qui nous permettent de montrer

14

aux habitants de nos campagnes quelques-uns de leurs auxiliaires et de leur ennemis, tel est notre but.

Vous saurez l'atteindre, Messieurs. Déjà vous avez placé l'instruction primaire dans une bonne voie; j'attends de votre zèle de nouveaux progrès. Tout récemment un savant suédois (1) constatait ceux que vous avez obtenus, et il me déclarait que, sur certains points, vous êtes à la hauteur dece qu'il y a de mieux-dans sa patrie. Il connaît les projets que nous poursuivons en ce moment, et il se propose de faire pénétrer aussi, dans les écoles de la Suède, les recherches insectologiques.

II

§ 2. *Instructions données pour la chasse aux insectes.*

Après la lecture du rapport qui précède, M. Goesle a reproduit les conseils qui ont été publiés ci-dessus (2). Il a ajouté seulement quelques mots dans ce sens : « Il ne faut pas se laisser rebuter par les difficultés du commencement, ni s'imaginer que de grandes études en histoire naturelle soient nécessaires. On ramasse d'abord les insectes, et l'occasion de les nommer et de les classer se présentera plus tard. On y gagne toujours deux choses : 1° sur vingt insectes, il y en a au moins quinze de nuisibles; on a donc rendu service à l'agriculture en les détruisant; 2° en les cherchant, on a été forcé d'étudier un peu leurs mœurs et les endroits où ils se retirent, et quand, pour les besoins de l'agriculture

______

(1) M. Romdahl, docteur, professeur au lycée de Linkjœping (Suède).

(2) Voy. p. 228-233.

on sera obligé de leur faire la chasse, on saura où trouver l'ennemi, ce qui est un point important.

« Les ouvrages d'histoire naturelle ne traitent presque jamais des animaux d'un pays seulement, mais bien de tous les animaux en général. Les exemples sont donc pris dans toutes les parties du monde. Il en résulte pour les débutants cette idée, qu'il est nécessaire pour étudier l'histoire naturelle sur les êtres eux-mêmes, de faire des voyages, et que ce qu'on peut voir dans son pays est insuffisant pour l'étude. C'est là une idée fausse. Il y a dans une seule contrée tout ce qui est nécessaire pour étudier. On peut se contenter d'un département, d'un canton et même d'une commune. Un instituteur qui saurait bien l'histoire naturelle de sa commune pourrait être regardé, à bon droit, comme un homme très instruit et serait à même de rendre plus de services que les plus grands savants dont la réputation s'étend dans le monde entier. Personne ne serait plus capable de guider les enfants dans l'étude de la nature et de leur apprendre à observer. Outre les avantages matériels qu'on peut retirer de cette étude, il en est un autre plus important, c'est celui qu'on en retire au point de vue moral. En effet, quelque restreint que soit le champ de nos recherches, il est impossible de ne pas voir l'harmonie qui préside à l'organisation des êtres, il est impossible de ne pas reconnaître partout l'œuvre d'une intelligence infinie. Tous les êtres nous disent, dans un langage intelligible pour les petits comme pour les grands, que Dieu est partout et que partout nous trouvons les manifestations de sa puissance. »

M. Goesle a donné encore quelques indications sur la chasse aux papillons de nuit, parmi lesquels se trouvent les teignes, les vers à soie, etc.

« Tous, a-t-il dit, sauf les vers à soie, sont plus ou moins nuisibles. La lumière artificielle a pour eux un attrait irrésistible. Il suffit donc de placer une lanterne dans un appartement, dont on laisse la fenêtre ouverte pendant la nuit, pour qu'il y vienne un grand nombre de papillons. Le lendemain matin, on les trouve posés le long des murs. On peut les prendre avec une sorte de petite fourchette que l'on fait en fixant trois aiguilles à coudre à l'extrémité d'un morceau de bois de la grosseur d'une paille; ou bien en mettant de la benzine sur le papillon, ce qui le fait tomber sur-le-champ.

« On les prend encore en mettant dans une verre une éponge imprégnée de benzine et recouverte d'une rondelle de papier, pour empêcher les pattes du papillon de s'accrocher dans l'éponge. Lorsqu'on met ce verre au-dessous de l'insecte, l'odeur de la benzine l'étourdit bientôt, et il tombe dans le verre. Mais il est très difficile de les prendre au filet sans les détériorer.

« Plusieurs collectionneurs prennent des chenilles, les nourrissent et en conservent les chrysalides, afin d'avoir les papillons tout frais, au moment de leur éclosion. Mais je crois que ce procédé s'éloigne de notre but, qui est d'arriver à connaître les insectes nuisibles et surtout leurs habitudes, pour arriver à les détruire, ou bien d'étudier les insectes utiles pour les protéger. »

III.

§ 3. *Autres instructions sur le même sujet.*

M. Osmont, un de nos entomologistes les plus distingués, a bien voulu donner aussi quelques conseils, accueillis avec une vive reconnaissance. Il les a résumés dans une note que nous reproduisons, et il nous écrit qu'il se met à la disposition des instituteurs désireux d'étudier plus spécialement les lépidoptères.

1° Pour les lépidoptères. Un filet en forme de poche allongée, en crêpe ou en tulle, dont on a fait disparaître l'apprêt, adapté sur un cercle en fil de fer.

2° Pour les autres insectes. Un filet analogue, mais fait en forte toile afin de pouvoir faucher les herbes et les plantes basses, c'est-à-dire pour le promener horizontalement avec l'ouverture perpendiculaire sur les herbes pour y faire tomber les insectes;

3° Un filet semblable pour pêcher les insectes aquatiques, fait en canevas assez lâche pour laisser écouler l'eau;

4° Un parapluie, ou mieux une nappe installée sur un manche terminé aux deux bouts par des bâtons sur lesquels est fixée la nappe d'une façon un peu lâche. Cet instrument est très utile pour battre les arbres et les buissons et recueillir les chenilles et les insectes qu'ils recèlent;

Il sert également à secouer les feuilles sèches et les détritus.

5° Un couteau à forte lame, ou un ciseau pour soulever les écorces des arbres morts sous lesquelles se réfugient un grand nombre d'insectes et souvent les chrysalides de lépidoptères;

6° Des flacons en petites bouteilles remplies de sciure de bois imprégnée de benzine, dans lesquels on introduit les insectes qui sont tués immédiatement.

Lorsqu'on a récolté un certain nombre d'insectes, il

est nécessaire de les faire sécher à l'air libre; on les remet ensuite dans de nouveaux flacons. Cette précaution est indispensable pour éviter la fermentation.

Le moment arrivé de mettre en collection, on pose les insectes sur du sable mouillé recouvert d'une cloche on d'un simple verre; vingt-quatre heures suffisent pour les ramener à l'état frais.

7° Une petite pince ou brucelles pour saisir les insectes dans les fissures des arbres ou des pierres;

8° Pour préparer les lépidoptères, on se sert de deux planchettes de peuplier disposées un peu en talus de chaque côté, entre lesquelles on laisse subsister une rainure garnie de liège ou de moelle de sureau pour piquer le papillon, puis on étale carrément l'insecte maintenu dans cette position à l'aide de bandelettes de papier fixées sur les planchettes avec des épingles. Quinze jours environ suffisent pour le dessécher.

Pour les amateurs, qui désireraient se procurer des noctuelles ou papillons de nuit, généralement difficiles à rencontrer par les moyens de chasse ordinaire, voici un procédé certain et peu connu de les récolter en grand nombre. Il suffit de répandre sur un arbre isolé à écorce rugueuse, situé à proximité des bois, un mélange de miel rouge et de mélasse, auquel on ajoute au moment de s'en servir, un peu de rhum. Plus les matières employées seront fermentées, plus l'effet sera certain.

Pour s'emparer des noctuelles attirées par le miel, on fixe dans un tuyau de plume, avec de la cire à cacheter ou de la colle, trois aiguilles fines maintenues un peu séparées. Les insectes, enivrés par la liqueur, se laisseront piquer sans chercher à fuir.

La saison la plus propice à ce genre de chasse est l'automne, depuis le mois d'août jusqu'à la fin d'octobre : elle se fait à l'aide d'une lanterne, une heure après le coucher du soleil, et peut se prolonger jusqu'à neuf heures du soir; après, elle cesse d'être fructueuse.

Il est nécessaire de renouveler chaque jour l'appât, une heure avant le crépuscule.

M. Vieillot, maître-adjoint à l'Ecole normale, a exposé deux collections de coléoptères. Il a dit avec quelle facilité et avec quel intérêt elles ont été recueillies dans leurs promenades par les élèves-maîtres.

Utiliser ainsi une partie des récréations des enfants, les soustraire à des conversations et à des actes souvent dangereux, c'est un des buts que l'on se propose. MM. les Instituteurs et Mmes les Institutrices l'ont compris. Aussi sont-ils résolus à préparer, *pour le mois de septembre,* les éléments d'une Exposition scolaire, insectologique et géographique.

IV.

§ 4. *Une exposition insectologique.*

Cette Exposition eut lieu, et elle excita un vif intérêt. La *Presse* se montra pour elle très sympathique. Ici doivent trouver place quelques-unes de ses appréciations, qui sont pour les exposants un éloge mérité, et que beaucoup de maîtres ne liront peut-être pas sans en tirer une idée profitable à l'enfance.

« L'idée mère de cette Exposition est excellente et frappe au premier coup d'œil que l'on jette sur son ensemble. C'est l'enseignement par les yeux qu'il s'agit de développer; l'enfant doit apprendre trop de choses

dans les livres; il ne voit pas assez ce qu'on lui en-
seigne. Ce qu'il nous faut, c'est l'*école en action*, comme
l'avait créée cet esprit si philosophe et si pratique à la
fois, Tœppfer, le premier maître d'école.

« Pauvre Tœppfer, si vous reveniez parmi nous, quel
puissant essor vous devrait cette méthode d'enseignement
actif! Vous aviez bien compris que le grand livre est
celui de la nature; que les forces intellectuelles de
l'élève doivent se développer non aux dépens de ses
forces physiques, mais avec elles, — *mens sana in cor-
pore sano*, — et, ne prenant que l'utile des utopies de
Jean-Jacques, vous faisiez faire à vos écoliers le tour de
leur canton, le tour de la Suisse, et ces voyages en zig-
zag, vous les faisiez à leur tête, leur démontrant sur
place l'histoire des hommes et des événements.

« C'est bien là la méthode véritable qui fortifie du
même coup l'esprit et le corps.

« C'est cette méthode que nous voulons perfectionner
en la transportant dans la classe même. Nous ne con-
duisons plus seulement l'élève sur le mont Sinaï pour
lui faire voir la terre promise; quand il l'a vue, nous le
ramenons à l'école et il l'a trouve saisissante en tableaux
parlants. Ici, le relief de sa commune, de son canton, de
son département, de la France, de tout le globe; sur ce
relief, les produits même de l'industrie locale; à côté, les
productions du sol, les végétaux et les animaux, les
couches successives de la terre, rendues vivantes par les
fossiles tirés de son sein ; enfin, des notices historiques
et scientifiques inscrites auprès de chaque localité intéressante pour les faits et gestes de l'homme ou la nature
du terrain.

« Et, selon le conseil d'un ancien illustre : *Nosce pa-*

triam, postea victor eris, nous commençons par apprendre à l'enfant ce que fut, ce qu'est maintenant la terre même qu'il foule chaque jour...

« Après la géographie et l'histoire, ce sont les sciences naturelles qui occupent la plus grande place à l'Exposition. Il faut s'en féliciter. C'est une erreur déplorable d'amoindrir dans les lycées l'importance de l'histoire naturelle et de l'avoir presque exclue du baccalauréat. Les Etats-Unis, l'Allemagne, l'Autriche, comprennent mieux que nous l'importance de cette étude, et ils en font une des premières de l'enseignement. Dans le cadre plus restreint de l'instruction primaire, elle doit être encouragée surtout pour les secours qu'elle apporte à l'agriculture, en faisant connaître les animaux et les plantes utiles et nuisibles de chaque région. Est-ce que, si chaque instituteur possédait des notions suffisantes d'histoire naturelle, il ne rendrait pas de grands services en signalant à ses élèves les espèces qu'il faut protéger et celles qu'il faut détruire ? Et le jour où une invasion, comme l'oïdium, le phylloxera, le puceron lanigère, l'alucite, etc., se produit dans une commune, n'importe-t-il pas à l'État d'avoir sur place un homme, qui, sans être un savant, connaisse assez de zoologie et de botanique pour signaler les périls et décrire sommairement les ravages commis ? Pour les gens malheureusement trop nombreux, qui ne cherchent que les résultats *pratiques* et *utilitaires*, il me semble que l'argument a sa valeur. C'est réellement par millions que se chiffrent chaque année les dommages causés par les seuls insectes nuisibles à la culture et à l'industrie. Eh bien ! c'est l'instituteur qui, dans chaque commune, est appelé à agir le plus rapidement en signalant le ravage et met-

tant la science en mesure d'intervenir au moment propice.

« La Fontaine l'a dit :

> . . . . . Entre nos ennemis,'
> Les plus à craindre sont souvent les plus petits.

« Ce monde des infiniment petits, insectes de toute
sorte, est, en effet, le plus redoutable à cause de sa mul-
tiplica'ion extrême, et l'homme, en multipliant lui-même
certaines cultures, rompt l'équilibre de la nature et
amène souvent des invasions formidables. Il est donc
utile de recueillir d'abord et d'apprendre à connaître les
insectes vulgaires de chaque localité, afin qu'à un moment donné, si le ravageur se présente, on sache ce qu'il
est et ce qu'il faut tenter contre lui. Sous ce rapport,
nous devons féliciter les instituteurs de leur zèle à former
des collections entomologiques. Plusieurs ont été justement remarquées pour le bon état des insectes, et quelques-unes pour des tentatives de classification souvent
heureuses. Quelques maîtres ont joint aux collections
des notices sur les mœurs des animaux exposés; on ne
saurait trop les encourager dans cette voie; la science
tire toujours profit de bonnes observations.

La botanique est aussi largement représentée par de
beaux herbiers, puis par diverses collections de plantes
médicinales. Ajoutons les graines et les bois utiles du
pays, une série curieuse de nids d'oiseaux, de mousses,
de lichens, de houilles, d'ardoises, de coquilles fossiles,
des tableaux, renfermant les produits bruts et manufac
turés des industries départementales... »

DOCTEUR OX.

Passons sur une foule de collections très intéressantes, et arrivons à l'*Insectologie.*

« Quand il s'est agi, pour la première fois, de collections insectologiques, nous nous rappelons avoir surpris plus d'un sourire sur certaines lèvres. Et pourquoi ne pas le dire? Loin d'avoir un air approbateur, il tournait à un étonnement peu encourageant. C'est qu'on allait jeter dans les écoles des idées nouvelles et les faire sortir du cadre ordinaire des leçons.

« A vrai dire, le projet n'avait rien de bien ambitieux. Regarder à nos pieds, à nos côtés, disait M. l'Inspecteur d'académie, pour chercher les insectes... protéger ceux qui combattent en notre faveur et prévenir ou arrêter les ravages des autres... les exposer, dans les vitrines de l'école, aux regards des cultivateurs... Ainsi l'école, devenant pour tous un centre d'instruction, exciterait un intérêt plus général et prendrait plus de vie intellectuelle et morale (1). »

« Mais qui ne trouverait fort utile la vulgarisation de ces connaissances? Rien que dans les vitrines de l'*Exposition scolaire*, les cultivateurs pourraient compter une douzaine de ces insectes différents dont la larve attaque et endommage considérablement nos grands arbres d'alignement: les ormes, les chênes, les hêtres, les peupliers, les pins, les pommiers, les noisetiers, les saules, etc. Et que dire du charançon qui accumule les ruines sous tant de formes diverses : *charançon* du sapin et *charançon* du riz, *charançon* du blé et *ténébrion* obscur, dont la larve dévore les farines en magasin, *taupin* des moissons, qui attaque

(1) V. ci-dessus, p. 223 et 224.

nos céréales, et *altise*, qui détruit les plantes potagères, etc. ?

« Vous voulez le *chlorops* qui, vers les premiers froids, dépose ses œufs dans les tigelles de froment ; la *tipule*, dont la larve ronge la racine des avoines, les voici. Et l'*alucite* qui enlève, en une année, plusieurs millions à l'agriculture ? Regardez dans cette vitrine... Mais arrêtons-nous là. Enumérer tous les ravageurs qui figurent dans les boîtes de MM. les instituteurs est impossible ; nous aurions à faire défiler devant nous une armée.

« A côté de ces ennemis de l'homme et de ses travaux, voyez les défenseurs. Ils ont été aussi recueillis et classés, pour la plupart, avec une parfaite intelligence des instructions données à cet effet par MM. Goesle et Osmont. A gauche, les insectes nuisibles ; à droite, ceux qui sont utiles.

« Pour ces collections, comme pour l'industrie, des entomologistes ont mis leur science au service des instituteurs.

« De cette association du bon vouloir des instituteurs et des lumières des savants sont sortis de bons résultats, puisque, sur 44 boîtes envoyées, 14 ont paru satisfaisantes.

« Déjà les populations avaient témoigné de leurs sympathies pour les vitrines placées sous leurs regards, dans les classes, à l'époque de la distribution des prix. C'est d'un bon augure pour l'avenir ; l'élan donné ne s'arrêtera pas.

« Et les enfants eux-mêmes ne se mettent-ils pas à l'œuvre ? Il fallait, nous dit-on, voir leur ardeur pour recueillir et rechercher les insectes. — Vous verrez qu'ils finiront par se faire les protecteurs des oiseaux. Ne sera-ce pas un grand progrès ?

« Ecoutez ce que nous raconte, dans l'Exposition même, un instituteur. Une Société protectrice des oiseaux s'est formée, sous sa direction, entre les enfants de la commune. Plus de 500 couvées ont éclos ; jugez du grand nombre de défenseurs conservés pour nos moissons. Aujourd'hui, l'instituteur, dans un tableau des plus intéressants, nous présente les nids où ils ont vu le jour. Ici, le nid de fauvette et de chardonneret, là, le nid de linot et de verdier, celui de rouge-gorge et de bouvreuil, etc. Il y en a une trentaine ; tous ont leur enseignement. Quelques exemples seulement :

« La grive débarrasse de limaces et d'escargots nos semailles d'hiver. Son nid est presque toujours accompagné d'un nid de pinson, et ce dernier oiseau détruit beaucoup d'insectes. — Le rouge-gorge sait trouver les larves cachées sous les mousses ; c'est le plus grand ennemi de la teigne des blés. — La grisette fait son gros nid de mousse dans les haies de nos jardins et même dans nos groseilliers, qu'elle délivre des chenilles et des petites limaces, etc. »

« Est-ce que tout cela n'est pas utile et palpitant d'intérêt ? Peut-on mieux parler aux yeux, sans ennuyer jamais ? Et ce tableau ne devrait-il pas être dans toutes les classes ?

« Est-ce tout ? Mais non ; voici maintenant des oiseaux empaillés, et l'essai n'a pas trop mal réussi. Voyez aussi comme leur place a été bien choisie. Ces oiseaux sont là, l'œil sur les insectes, — un œil vif et perçant, — les ailes étendues, le pied levé, le bec prêt à s'ouvrir pour saisir les ravageurs.

« Une fois dans la voie des innovations, on ne s'est pas arrêté. Faut-il s'en plaindre ? C'est rompre trop ouvertement avec le passé, pour l'enseignement, diront peut-être quelques-uns. — Oui, répondront d'autres, mais le temps de la routine s'en va, et le progrès a ses exigences.

« En ce cas, serait-il donc pour quelque chose dans l'apparition des poissons qui ont place à l'*Exposition* ? — Peut-être ; ce serait alors le même système, sous une autre forme : initier les enfants à la connaissance des richesses naturelles du pays. Et de fait, pourquoi leur laisser ignorer les poissons que leurs pères pêchent sur nos côtes, ou qui courent dans les eaux de nos fleuves, de nos rivières ? Les leur montrer frais dans nos écoles, impossible.

« Eh bien ! on les a moulés d'après des instructions données. Tous n'ont pas, sans doute, les fraîcheurs, le brillant et le fini de ceux de M. Eudes Deslongchamps, que l'on voit sur les étagères. Mais la comparaison n'a rien d'humiliant, on est à l'école, et c'est afin d'apprendre : trop heureux quand on a pour maître un savant comme M. le professeur de la Faculté des sciences. »

V

Et voilà comment fut jugée notre *Exposition insectologique*. Elle est en ce moment vieille de plusieurs années. Ne pourrait-on pas cependant y trouver encore des idées méritant quelque attention ? On ferait mieux aujourd'hui, sans nul doute. Un souvenir, au moins, pour un essai qui témoignait alors d'un certain amour pour le progrès.

XXIV

I.

Protection des oiseaux insectivores. — Circulaire de M. le Ministre de l'Instruction publique et des beaux-arts.

Monsieur le Préfet,

« Les ravages causés à l'agriculture par les insectes nuisibles ont pris, depuis quelques années, des proportions véritablement inquiétantes.

« M. le ministre de l'agriculture et M. le ministre de l'intérieur m'ont fait l'honneur d'appeler mon attention sur ce regrettable état de choses, dont l'une des causes principales est la disparition, ou tout au moins la diminution du nombre des oiseaux insectivores. Ces oiseaux, qui sont les gardiens naturels de nos récoltes et les plus précieux auxiliaires de l'agriculture, sont cependant presque partout traités en ennemis. Le cultivateur, oubliant les services incessants qu'ils rendent, ne voit que les dégâts qu'ils commettent ; l'enfant poursuit leur destruction, soit en leur tendant des pièges, soit en détruisant leurs nids, et ces alliés, que les étrangers viennent nous acheter pour les acclimater chez eux, disparaissent peu à peu de nos campagnes.

« Plusieurs circulaires ont déjà été adressées à MM. les Inspecteurs d'Académie, et de nombreuses notes ont été insérées au *Bulletin administratif* de mon ministère (1), afin d'arrêter cette destruction. Néanmoins, je me fais un devoir de répondre au désir que m'ont exprimé mes collègues en réclamant de nouveau le concours des Instituteurs.

« Je vous prie, en conséquence, Monsieur le Préfet, d'adresser des instructions à tous les maîtres de votre département, afin qu'ils apprennent à leurs élèves à distinguer les insectes nuisibles des insectes utiles à l'agriculture, et qu'ils encouragent ces enfants à détruire les premiers, à protéger les seconds.

« Il faut aussi que les instituteurs fassent comprendre aux enfants qu'ils nuisent aux intérêts mêmes de leurs familles en détruisant les nids, et qu'en agissant ainsi ils se montrent aussi imprévoyants qu'ingrats. On devra en même temps leur rappeler qu'ils s'exposent à des peines sévères. La loi du 22 janvier 1874, qui complète, en la modifiant, celle du 3 mai 1844 sur la police de la chasse, donne aux préfets les pouvoirs nécessaires pour prévenir la destruction des oiseaux ou favoriser leur multiplication. Des arrêtés préfectoraux ont été pris à cet effet, et les personnes qui contreviennent aux dispositions de ces arrêtés sont passibles d'une amende qui varie de 16 à 100 francs (art. 11 de la loi du 3 mai 1844).

« Les instituteurs devront aussi, à l'occasion, rappeler aux pères de famille que, s'ils se font à eux-mêmes un tort considérable en laissant détruire les nids, ils sont

(1) Voir notamment année 1874, pages 126, 211, 584; année 1873, pages 784 et 1066, etc.

responsables des délits que les enfants mineurs pourraient commettre en l'espèce.

« J'ajouterai que, dans quelques communes que je pourrais citer, des instituteurs ont eu l'heureuse pensée d'organiser parmi leurs élèves des sociétés protectrices des animaux utiles. Ces sociétés ont rendu de grands services, et je verrais avec plaisir leur nombre s'augmenter.

J'attache, Monsieur le Préfet, le plus sérieux intérêt à l'exécution de cette circulaire, dont je vous prie de m'accuser réception.

Recevez, Monsieur le Préfet, l'assurance de ma considération très distinguée.

Le Ministre de l'Instruction publique et des Beaux-Arts,
Signé : WADDINGTON.

Pour copie conforme :
Le Directeur de l'Enseignement primaire,
A. BOUTAN.

II.

Note sur l'enseignement insectologique adressée à Messieurs les Instituteurs et à Mesdames les Institutrices.

MESSIEURS,

Les instructions qui précèdent vous appellent dans une voie que vous aimez et que déjà vous avez rendue féconde. Les collections *insectologiques* remarquables que plusieurs d'entre vous ont préparées pour l'*Exposition scolaire* n'ont-elles pas prouvé que vous apprenez aux élèves « à distinguer les insectes utiles des insectes nui-

sibles à l'agriculture, à détruire les premiers et à protéger les seconds? » Pour tous, nous avons publié des
instructions propres à vous diriger dans l'étude que vous
avez à continuer avec les enfants (1). Vous tiendrez à
vous en inspirer, heureux de voir ces études consacrées
par l'autorité supérieure.

M. le Ministre ajoute qu'il connaît « des communes où
des instituteurs ont eu l'heureuse pensée d'organiser
parmi leurs élèves des sociétés protectrices des animaux
utiles, et de leur faire comprendre qu'ils nuisent aux
intérêts mêmes de leurs familles en détruisant les nids. »
Nous sommes heureux de constater que ces sociétés ne
sont pas entièrement à créer parmi vous. On ne peut
avoir oublié le travail intéressant présenté à l'*Exposition*
scolaire par un de vos collègues. Les imitateurs se mul-
tiplieront, nous en sommes persuadé, et il nous sera
bientôt donné de les signaler à M. le Ministre.

Nos concours agricoles ne tarderont pas à s'ouvrir
dans les divers arrondissements. Une place y sera faite
aux questions insectologiques. Vous saurez préparer vos
enfants à les résoudre. C'est là un des côtés pratiques
qu'il faut donner à notre enseignement, et qui ne sera
pas l'un des moins intéressants. Étudions le pays dans ses
énergies productives, montrons à l'enfance les richesses
qu'il lui promet et l'ennemi qui les lui disputera, afin
que, lorsque viendra la lutte, il soit tout armé pour la
soutenir avec succès.

(1) V. ci-dessus, p. 242; et les *Ennemis et Protecteurs du
Blé.*

XXV.

L'enseignement insectologique et les Sociétés protectrices des oiseaux.

Je ne sais s'il vous souvient des *Leçons de lecture* publiées sous ce titre : *les Ennemis et les protecteurs du blé.* En les écrivant, je me proposais d'appeler votre attention et celle de nos enfants sur les insectes utiles et nuisibles qui nous protégent dans nos travaux des champs ou rendent nos sueurs inutiles, en vivant aux dépens de nos céréales et de nos plantes oléagineuses, de nos fleurs et de nos fruits, de nos pommiers et de nos vignes, de nos bois de construction et de chauffage, etc.

Porter à étudier ces êtres divers, c'était, me semblait-il, exciter et fortifier chez les enfants l'esprit d'observation, les placer en présence d'une nature pleine de mouvement, de vie et d'attraits ; — c'était les préparer pour la lutte qu'ils auront à soutenir plus tard contre des ennemis « faibles en apparence, mais en réalité si redoutables par leur nombre et leur effrayante puissance de reproduction ; » — c'était enfin les intéresser à d'autres êtres dans lesquels « Dieu nous a donné des auxiliaires précieux : les oiseaux et les insectes utiles. » (1)

(1) M. Ducuing.

La liste de ces êtres de tout genre, amis et ennemis de l'homme, est assez longue. On peut en composer un tableau plein d'enseignements. Laissez-moi vous le soumettre en suivant, pour ce travail, l'ordre de division du livre intitulé : *Les Ennemis et les Protecteurs du Blé* (1).

ENNEMIS.	PROTECTEURS.
Les insectes et les parties dont ils se composent (p. 1-6), leurs métamorphoses, larves, nymphes, insecte parfait (p. 8-11).	
Le ver blanc (p. 12-14).	La corneille-freux, l'étourneau (p. 23-24, la taupe et les taupinières (p. 24-25), le moineau (p. 25-28).
Les hannetons, les souris, les mulots, les campagnols (p. 28-31), les cantharides, les serpents, les limaces.	Les rongeurs nocturnes : hibou, chouette, chauve-souris (p. 31-34) ; la belette, le hérisson (p. 35-38), le crapaud (p. 57), la huppe (p. 52), les grives.
Les chlorops (p. 30-44-69).	L'hirondelle (p. 45 47-72-74), la bergeronnette (p. 73-74).
La tipule (p 40-50).	Les labours (p. 48-50).
Les chenilles (p. 60).	Les écheniiloirs et les échenilleurs, le rouge-gorge (p. 63), le hibou, la chouette, le chat-huant (p. 82-85).

(1) *Ennemis et Protecteurs du blé,* livre de lecture courante, 4ᵉ édition, renfermant des détails sur tous les êtres compris dans ce tableau.

Les diverses espèces de teignes et leurs chenilles (75-79).	L'huile de térébenthine, l'esprit de vin, la fumée de tabac (p. 80).
L'œcophore des blés et l'alucite.	Le rouge-gorge (p. 82), le coucou, la chouette, les effraies, les chats-huants, les engoulevents (p. 82-85).
La cécidomye (p. 98).	L'alouette, le verdier, le rouge-gorge (p. 98).
L'alucite (p. 102-107).	Le pouillot (p. 101-107); silos (p. 105).
Le charançon et les ravages causés par sa larve (p. 111-118).	Fumigation (p.118), peaux de moutons (p. 119), silos (p. 120), la part faite à l'ennemi (p.120), les chalcidiens (p. 121), la bergeronnette (p. 122).
Les chenilles (p. 135).	Les ichneumons (p. 37-111), les tachines (p. 111), les libellules (p. 141), les carabes (p. 111-142), le taupin (p.143).
Le papillon livrée (p.151-157), les œufs de papillon et les chenilles.	Le geai (p. 157), les mésanges (p. 54) la sitelle, les pics, les fauvettes (p. 52), les culs-blancs.
Le charançon des noisettes.	Comment on le détruit (p. 165).

Copié sur une grande feuille, ce tableau sera affiché dans l'école et fera l'objet de petites leçons d'histoire naturelle. Un jour, il sera question de l'alouette, de ses mœurs, de sa nourriture ; quelques jours après, on parlera de la bergeronnette et de l'hirondelle, de la

chouette et du coucou, du pivert et du rouge-gorge, etc.;
on placera sous les regards des enfants quelques-uns des
insectes détruits par cette légion d'oiseaux qui travaille
incessamment pour nous. Notre enseignement, cessant
de s'enfermer dans les abstractions trop fréquentes qui
dégoûtent l'enfance, s'animera, et, avec l'amour de
l'étude, des idées utiles entreront dans les esprits.

Plusieurs fois déjà, j'ai appelé votre attention sur ces
questions (1), et la *Société Linnéenne de Normandie* a
bien voulu charger quelques-uns de ses membres les
plus autorisés de rédiger pour vous des instructions propres à vous diriger dans la chasse des insectes (2). Les
collections que vous avez présentées à notre *Exposition
scolaire* ont prouvé votre empressement et votre habileté à vous inspirer de cette direction (3). Sur différents
points du département, des recherches se poursuivent
avec succès. Tout récemment, à B..., dans l'*Exposition
agricole et horticole* organisée par l'*Association normande*, des boites d'insectes, soigneusement préparées,
ont valu à plusieurs instituteurs des encouragements et
des récompenses.

Entrons partout plus largement encore dans cet ordre
d'études, et de tous les enfants de nos classes faisons
des collaborateurs; qu'ils apprennent à observer, à
recueillir l'insecte nuisible, à protéger, dans sa nichée,
l'oiseau qui, pour le découvrir et le détruire, nous prête

(1) V. dans les *Leçons élémentaires de Pedagogie*, Rapport
lu à la Société d'Agriculture et de Commerce de Caen, p.
— L'*Insectologie et les Instituteurs*; Rapport lu à la Société
innéenne de Normandie, v. ci-dessus, p. 210.
(2) V. ci-dessus, p. 242.
(3) V. ci dessus, p. 247.

son regard perçant, son bec et ses ailes. Que des *Sociétés protectrices* des oiseaux s'organisent dans nos écoles, et, pour que le bien se produise sous des formes diverses, qu'une partie des cotisations, même des amendes, s'il en est infligé, serve à fonder de petites bibliothèques renfermant des publications utiles. Pendant que nos collections enrichiront nos *Musées scolaires,* ces livres nous apporteront des idées qui étendront notre intelligence.

Ainsi, devançant la loi dont s'est un jour préoccupé le Sénat, vous associerez nos enfants à une œuvre qui intéresse à un si haut degré la richesse de la France (1). Vous prouverez aussi à tous les amis de l'Instruction primaire que, pour répondre à leur sollicitude, vous voulez mettre de plus en plus votre intelligence, vos forces et votre dévouement au service de toutes les idées utiles au pays.

Notre France! Aimons-la toujours, et consacrons-lui nos pensées, nos forces, notre vie tout entière.

---

(1) Dans la séance du 22 mai 1876, MM. de la Sicotière Grivat et le comte de Bouillé, sénateurs, ont présenté au Séna un projet de loi relatif à la destruction des insectes nuisibles à l'agriculture et à la conservation des oiseaux utiles.

TABLE DES MATIÈRES

Pages

DÉDICACE. — A MM. les Instituteurs et à Mmes les Institutrices... I-III

I. Les Instituteurs. — L'amour de la famille et du sol
natal. — Une société de secours mutuels à ses
débuts 1

II. L'Instituteur et l'enfance. — Une société de secours
mutuels.. 9

III. Le dévouement. — Une société de secours mutuels. 18

IV. Une Conférence pédagogique à V................... 28
Les programmes. — L'Étude. — Socrate et Pestalozzi 28

V. Les Sociétés et les Bibliothèques pédagogiques. —
Origine de ces institutions dans un des départements
de l'Ouest 42

VI. Les Bibliothèques pédagogiques aux Etats-Unis. —
Utilité des journaux scolaires.................... 48

VII. Quelques œuvres scolaires. — Les instituts des Etats-
Unis 64

VIII. Les musées pédagogiques et les musées scolaires... 76

IX. L'ornementation des classes....................... 88

Pages

X.   L'emploi du tableau noir............................   98

XI.   De la direction à suivre avec les jeunes enfants.... 113

XII.   Ce que doit être et comment peut se révéler le bon
       enseignement. — Le cahier des élèves........... 127

XIII. Un caractère particulier du cahier scolaire......... 139

XIV.   Influence morale des Instituteurs et des Institutrices
       sur l'enfance..................................... 143

XV,   Du lycée et de l'influence de son enseignement sur
       le développement intellectuel et moral de la
       jeunesse. — Allocution prononcée le jour d'une
       distribution de prix............................ 159

XVI.   L'École et le progrès matériel, intellectuel et moral.
       — A des enfants, le jour d'une distribution de prix. 166

XVII. Des livres à donner en prix. — A des enfants, le
       jour d'une distribution de prix.................. 174

XVIII. Cours d'adultes. — 1º Circulaire à MM. les Institu-
       teurs et à Mmes les Institutrices à l'occasion de la
       reouverture des cours d'adultes,................. 179
       2º Un souvenir de 1870 — Circulaire à MM. les
       Instituteurs et a Mmes les Institutrices.......... 183
       3º Une distribution de prix à des adultes. — Un
       programme....................................... 186

XIX.   Les Instituteurs et les locaux scolaires. — Enseigne-
       ments à propager........................ 196

XX,   La science. — Un des côtés de la direction a donner
       a l'enseignement primaire........................ 207

XXI.   L'enseignement agricole 219

XXII. L'insectologie et les Instituteurs................ 222

XXIII. Une réunion d'instituteurs et d'institutrices....... 233

	Pages
§ 1er. — Promenades insectologiques.	234
§ 2. — Instructions données pour la chasse aux insectes...........................	242
§ 3. — Autres instructions sur le même sujet.....	244
§ 4. — Une exposition insectologique....	247

XXIV. § 1er — Protection des oiseaux insectivores. — Circulaire de M. le Ministre de l'Instruction publique et des Beaux-Arts............. 255

§ 2. — Note sur l'enseignement insectologique adressée à MM. les instituteurs et à Mmes les institutrices.................. 257

XXV. L'enseignement insectologique et les Sociétés protectrice des oiseaux..................... 259

Paris-Imp PAUL DUPONT,41 rue Jean Jacques Rousseau 183.12.81